ユダヤ大悪列伝《だいわるれつでん》

鳥賀陽正弘

論創社

はじめに

ユダヤ人が、いろんな面で他人種と違うと気づいたのは、私がニューヨークに初めて赴任した時のことである。それまでは、アメリカはＷＡＳＰ（White Anglo-Saxon Protestant）、つまり白人、アングロサクソン、プロテスタント主流の国家だと、てっきり考えていた。ところが、現地に滞在して知ったのは、想像していたのとは、まったく違うことだ。驚いたのは、取引した相手と、金曜にアポイントを取ろうとしても、どうしても取れない。というのは、取引先が金曜の仕事を早く切り上げて、素早く家に帰り、日没から始まる安息日に備えるためだった。キリスト教徒ならば日曜日が安息日だが、彼らは土曜日が安息日なのである。

通常のアメリカ人と異なるユダヤ人に興味を持ったことが、ユダヤ人の宗教や文化を調べるきっかけになった。そして調べれば調べるほどに気づいたのは、彼らが学問や思想の分野で抜きん出ていることだ。20世紀において世界に最も影響力を与えた3人は、アルベルト・アインシュタインとカール・マルクス、それにジークムント・フロイトとされているが、いずれもユダヤ人なのである。また、ユダヤ人は世界全人口のわずか0・2％しか占めていないにもかかわらず、ノーベル賞受賞者の約22％までもを占めている。

思えば、過去にエジプトやバビロニアが繁栄し、その後、ギリシアやローマが世界制覇を成し遂げた後も、強大な勢力が様々のさばったが、どれもが長続きしなかった。ところが、どうだろう。ユダヤ民族が、約2千年前に祖国パレスチナを追われて、世界各地に四散しながらも、その間、ユダヤ人のアイデンティティーを失わなかったことは、まさに驚異的である。しかも、少数派でありながら、金融だけでなく、医学、文学、科学、美術、音楽などの多くの分野で、彼らが社会に果たした功績には計り知れないものがある。

このようにユダヤ人は、文化や経済に多大の貢献をしたにもかかわらず、不思議に思えるのは、欧米での大型経済スキャンダルの大半は、ユダヤ人が主なのである。著名なアメリカの物理学者、ウィリアム・ピアースは、いみじくも、

「もちろん、ユダヤ人だけが悪党ではない。しかし10万ドルの詐欺事件が起これば、その主犯は誰にでも当てはめられようが、1億ドル超の大規模詐欺事件になれば、間違いなくユダヤ人が主犯だ」

と述べている。

文化に計り知れない貢献をしたユダヤ人が、それと矛盾する悪事を働くのは、誠に不可解である。筆者は、その疑問を解いているうちに、深い背景を知ることになり、これが本書を記す動機となった。それには、彼らの社会や文化を理解しなくては、到底理解できない事柄が多い。そこで、その背景を説明しながら、ユダヤ人が犯した数々の大型経済事件を紹介することにした。犯した犯罪は確かに悪質だが、私たちの反面教師として参考になることが少なくないと思う。

ビジネスの道で「騙すな、騙されるな」という格言がある。誰でも相手を騙さないようにするのは、比較的たやすいことだ。というのは、信用されることは、商売を続ける上で不可欠な条件だからである。いったん信用できないという悪評が立つと、誰もが相手にしてくれなくなるので、正直に取引をすることに努める。

その反面、ビジネスで相手から騙されないように交渉をしたり、取引するのは、言うほど簡単ではない。相手の騙しにも、詐欺的なものから、交渉につきものの権謀術策や嘘やホラに至るまで種々様々ある。ところが、本書で分かるように、驚くほど多くの人が、簡単に騙されているのだ。

騙されないためには、自分のありったけの知恵や経験を活かして、立ち向かわなければならない。先方の意図や真意をすばやく見破らなければ、騙された後で、大いに後悔することになる。従って、万が一騙されたのなら、騙した方が悪いのではなく、騙された自分が悪いのだ。騙した相手を不誠実だと非難する前に、二度と騙されるなどということが起こらないようにしなければならない。

本書に記すユダヤ人の巧妙な悪行が反面教師として、世渡りをする読者にきっと役立つと信じる。

2017年7月　東京都港区にて

烏賀陽《うがや》正弘

ユダヤ大悪列伝◉目次

第3章◉ポンジ・スキームの詐欺師たち

第1章◉お金との固い結びつき

1　歴史的背景

ユダヤ人がお金の運用、つまり金儲けについて、重要な歴史的役割を果たし、大きな足跡を残したことは否めないと思う。

事実、ユダヤ人は絶えず新しい事業を創出し、特に金融を対象とする、様々な革新的ビジネス形態を考案する先駆者となった。彼らは遠い昔から、適正利潤や公正販売価格の仕組みを考案しただけでなく、近世では不換《ふかん》紙幣（金貨や銀貨と交換できない紙幣）を案出し、流通証券を最初に実用化したといわれている。だが、当時のユダヤ人の金融業は金貸しが主で、現在の質屋や両替商《りょうがえしょう》に相当するものだった。

それを近代的銀行業務に大きく発展させたのが、著名なユダヤ人大富豪の一家、ロスチャイルドである。もともと同家は、神聖ローマ帝国の自由都市フランクフルトのゲットー（ユダヤ人隔離居住地）に、1462年以来、長らく押し込められ、忍従を強いられてきた。

そこでロスチャイルド家をゲットーから解放し、勃興させた開祖は、マイヤー・アムシェル・ロートシルト（苗字はドイツ語読み、「赤い盾」の意味）である。1760年代に、ゲットーの出身から、金融業者として成功した後に、特権を享受できる「宮廷ユダヤ人」に列せられた。

宮廷ユダヤ人とは、中世ヨーロッパにおいて、キリスト教徒の支配者を相手に、資金調達と運用を行ったユダヤ人金融業者を意味する。彼らは支配者に融資するうちに、宮廷ユダヤ人の肩書とゲットー外に住む特権を受けるようになり、その他、彼らは資金調達以外にも、様々な恩典を与えられた。例えば、支配者のために外交や貿易を行ったり、ユダヤ人同士の繋がりを利用して、食料や武器、貴金属などを確保することができた。

その典型がロスチャイルド家なのである。1789年にマイヤー・ロートシルトは、宮廷御用商人として、対外借款に携わるようになり、1795年頃からフランクフルト地方の領主、ヴィルヘルム9世の投資事業にも参加できる立場になった。こうしてロスチャイルド家は、1790年代に急速に勢力を伸ばして行く。

マイヤー・ロートシルトは、巨大な財力によって、社会的、政治的影響力を持つようになり、それが5人の息子に引き継がれて、ヨーロッパ全域に及んだ。長男のアムシェルはフランクフルト、次男のザロモンはウィーン、三男のネイサンがロンドン、四男のカールはナポリ、五男のジェームスはパリと、5か所に分かれて銀行業を拡大させた。

父親マイヤーは、ヨーロッパ主要都市に、息子5人を住ませて支店網を設けると、互いに密接に協力させながら、現在に至るまでの強力な基盤を築いた。当時のヨーロッパにおける国家を至上とする国家主義が台頭する流れの中で、他に先駆けて、国境を越えた国際金融事業をいち早く立ち上げたのである。

中でも有名なのは、異国間の機敏な連携による成果だ。すなわち、ロスチャイルド家の手先は、1815年、ナポレオンが、ワーテルローでイギリス連合軍に敗退したことを、政府の連絡よりも丸一日早く、ロンドンのネイサン・ロスチャイルドに知らせた。ナポレオン敗北の報をいち早く入手したネイサンは、したたかな手段に打って出た。

通常ならば、フランスの敗北で、公債相場が上昇すると予想されていたにもかかわらず、慌てて買いに出ずに、逆に猛烈な売りに出たのだ。市場は、大手のロスチャイルドが売りに転じたというので、ナポレオンが、てっきり勝利したと判断して売りが集中し、債券価格は一斉に暴落した。

そこでネイサンは、いったん債券が、紙屑同然の値段になったのを見届けると、一転してそれを買い占め、証券取引所が閉鎖した時点で、取引所に上場されている全公債の大半を取得していたのだ。

翌日、ナポレオンの敗北が報じられると株価は急騰し、彼はこれによって約300万ドル相当だった自己資産を約75億ドルに増やし、実に2500倍に上る巨利を得た。この鮮やかな手法は、後に「ネイサンの逆売り」と呼ばれるほど有名となり、ロスチャイルド財閥の確固たる礎《いしずえ》をヨーロッパに築いたのである。

ヨーロッパ各国の産業化が進むにつれ、同家の業績は一段と発展・拡大し、スエズ運河やヨーロッパ鉄道網の建設資金を提供するまでに急成長した。19世紀にロスチャイルド家は、世界最大の個人資産を保有するに至った。

栄華を誇ったロスチャイルド家だが、20世紀に入ると、彼らに対する弾圧が激しくなった。中でもナチスの台頭により、ウィーンの当主、ルイ・ロスチャイルドはゲシュタポに連行されたものの、全財産没収と外国への出国を条件に釈放され、アメリカに亡命した。

このような数々の苦難に会いながらも、ロスチャイルド家は現在でも、スイスやパリ、ロンドンに本拠を置いて金融業を大きく展開し、たくましく生き抜いている。

もちろん、金融界でロスチャイルド家が強大な力を振るったことは事実だが、同家だけが業界を独占していたわけではない。

19世紀初頭までは、ユダヤ人は職業上の厳しい制限を科せられ、役人になることや、工場を持つことさえ禁じられたので、彼らの大半は、行商人か小売店主の職に甘んじていた。だが、18世紀末のフランス革命によって、ユダヤ人が身分解放されるや、開業医や弁護士、ジャーナリズムなどと専門的な知識や才能に基づく「自由業」への進出が許され、多くが金融業に進出することになった。

その結果、ロスチャイルド家以外にも、多数のユダヤ人金融業者が現れた。代表的なのは、フランスのペレイール兄弟やソロモン・ハイネ、プロイセン王国の宮廷ユダヤ人、ゲルゾーン・フォン・ブライヒレーダーなどである。

特筆すべきは、先のユダヤ系フランス人、ペレイール兄弟の果たした役割である。彼らは、近代銀行業務の要である有価証券発行や長期信用供与の制度を開発して、現在のクレジット・カードへの道を大きく開いた。

また、ロシアにおいても、1853年~1856年のクリミア戦争をきっかけに、ユダヤ人資本家、バロン・ジョセフとゴラツィー・ギンヅブルク親子や、レオポルド・クロネンベルグとイヴァン・ブロッホなどが、同国の銀行の設立に多大の貢献を果たしている。

このように多くのユダヤ人は、ヨーロッパの各地で、当時の権力者の資金的支援者となって、国家経済を支え発展させた。そこで育まれた豊かな才能と経験が、アメリカにもたらされ、開花するのである。

2　投資銀行に特化

19世紀後半に入って、東欧系ユダヤ人がアメリカへ大量に移民するとともに、金融に精通したユダヤ人が、同国で銀行業を始めようとした。だが、彼らの前に大きく立ちはだかっていたのは、従来から存在するモーガンやドレクセル、ケミカルなどの強力なプロテスタント系銀行である。

プロテスタント系銀行家は、ユダヤ人に対して強い偏見を持ち、自分たちの領域に参入されるのを極度に忌み嫌った。例えば、後の１９６０年代後半に、ユダヤ系企業を率いるソール・スタインバーグが、ケミカル銀行を買収しようとした際、同行は、ニクソン大統領などの政治家を動かして、その動きを阻止したことがある。これは、一流市中銀行であるケミカル銀行が、ユダヤ人に経営権を掌握されるのを忌避したからだとされている。

またプロテスタント系商業銀行にとって、ユダヤ人は大切な顧客であり、彼らに有能な人材が多くいるにもかかわらず、長年ユダヤ人を経営陣に迎え入れようとしなかった。この差別は、１９７０年代に入って、ようやく緩和されたものの、そこに占める割合は、ユダヤ人が金融界に貢献していた割合に比べれば、はるかに少なかった。

そこでユダヤ人は、一般の商業銀行のような個人取引よりも、企業への投資やその売買を専門とする独自の投資銀行（インベストメント・バンク）に力を入れざるを得なかった。

今では有名になったゴールドマン・サックスやモルガン・スタンレー、ソロモン・ブラザーズなどを開設し、お金そのものに関連する仕事や事業、中でも金融仲介業で頭角を現した。投資銀行は、社債や株式を積極的に売り出したり、保証することによって飛躍的に発展し、20世紀に入って業績が大きく開花する。

投資銀行は、1960年代のコングロマリット（複合企業）の構築や、M&A（企業の合併・買収）のブームをもたらす強力な推進力となった。さらに近年では、ヘッジ・ファンド（私募ファンド）の基盤を作り、空前の金融景気を引き起こした。

このようにユダヤ人とお金の結びつきは、歴史的に見ても、切っても切れない深い関係にある。彼らは、お金がないことを、「あたかも敵に対して、自分を裸でさらすようなものだ」と考える。それほどお金があるかどうかが重要なだけに、ユダヤ人はお金に関して、私たちの想像以上に敏感であり、真剣なのである。従って、それを巡るトラブルも勢い多くなるのである。

3 ヴィクトリア朝の女詐欺師

大がかりな詐欺事件に人々を巻き込むためには、口コミだけでは限度があり、詐欺師が広範に利用できる場、すなわちマスコミや株式市場、最近ではインターネットが必要となる。従って、大型詐欺事件が登場するのは、新聞や雑誌などメディアが普及した19世紀以降なのだ。

そこで、真っ先に取り上げなければならないのは、ヴィクトリア朝の類まれな女性詐欺師、サラ・ラッセル（通称、マダム・レイチェル）である。当時発達し始めた新聞の広告を巧みに利用して、多くの女性を騙した。

ヴィクトリア朝は19世紀後半、ヴィクトリア女王に統治されたイギリス帝国が、産業革命による経済発展によって、絶頂期に達した時代である。この時期に、ユダヤ人のマダム・レイチェルは、1814年にロンドンで芸人一家に生まれた。

マンチェスターの薬剤師と結婚し、その際、後に化粧品を創る基礎知識を習得したものと思われる。彼女が、病後に脱毛したとき、発毛剤の効き目を知り、ヘア・ローションや化粧品に対する需要が多いことに気づいて、1858年にロンドンの高級住宅街、メイフェアに化粧品の商売を立ち上げた。

150年ほど前の当時と、現在が違うのは、社会の化粧に対する道徳的判断である。ヴィクトリア朝時代では、化粧をするのは一部の限られた職業、女優や売春婦であり、一般女性は、スッピン（素顔）にすることが淑女のたしなみとされていた。だが、女性は何時までも若くて美しくありたいと願うものだ。そこを機敏に捉えたのが、マダム・レイチェルなのである。

当時、ロンドンの劇場で好評を博した劇『マダモゼル・レイチェル』のタイトルにあやかって、商標を「マダム・レイチェル」と名付け、「女王ご用達」と謳って、化粧品を貴族階級向けの新聞や専門誌に宣伝し、大々的に売り出した。その上、商標にあやかって、自分の通称をマダム・レイチェルにした。

やがて彼女の一連のクリームや化粧水が、富裕層の婦人たちに広く知れわたるところとなった。しわ取り用の化粧水を、〝サハラ砂漠の磁気岩《じきいわ》の露〟と称して、何時までも若さを保てると言いふらした。さらに、自分の経営するサロンでしか入手できないと、その希少性を巧みに訴えて、客を引きつけた上に、「美よ、永遠なれ」という豪華なパンフレットを顧客に配布して、その効能を裏付けていた。

金持ちの婦人たちは、虚栄心が強く騙されやすいので、化粧水１本で10～20ギニー（ギニーは当時の金貨。時価換算、約14万円）もする高価なものが、引っ張りだこになった。ところが、その奇跡的な効き目があるという〝回春の水〟は、全くのインチキで、サハラ砂漠の露どころか、普通の水に糠を混ぜたものに過ぎなかった。

間もなく、このからくりは馬脚を現すことになる。イギリスでは、１８７８年に「既婚女性の所有権法」が成立するまでは、既婚女性は、財産を所有し管理することが認められなかった。結婚すれば、妻の財産は夫に譲渡されて、妻が法人格を失うのに伴い、夫と妻は一体となった。その結果、彼女たちは、金の使途について、夫の事前の了解を得なければならない。つまり、マダム・レイチェルの高価な化粧品に、内緒でお金を使うのは、夫のお金を無断で使うことになる。

金持ちの婦人たちの負債総額は、日増しに膨れて、返済できなくなったので、ラッセルは宝石類を担保品として提供させ、すぐさま質入れして代金を着服していた。彼女たちは、ラッセルを詐欺と背任行為で訴えれば、自分たちの愚行が世に知れ渡るので、世間体を気にして、あえてしなかった。担保品にされた宝石類は、盗まれたと嘘をついて、夫の目から逃れていた。方やマダム・レイチェルは、彼女たちが借金を夫に知られたくないという弱みに付け込んで、返済できない彼女たちを脅かし続けて、金を取っていた。このような手段で年間2万ポンド、現在の価値にして100万ポンド（「1ドル＝110円換算、以降同じ」約1億4000万円）の荒稼ぎをしていたのだ。

しかし、ついにメリー・ボラダイルという勇敢な女性が、1868年にマダム・レイチェルを訴えたのである。ボラダイルは軍人の未亡人で、ママダム・レイチェルから化粧品で600ポンド（時価換算、約840万円）を騙し取られた上に、ラッセルに、架空の貴族が彼女に恋をしているという虚偽の話をもとに1400ポンド（時価換算、約2000万円）を詐取されかけていた。これが暴露されて、裁判にかけられたマダム・レイチェルは、5年の懲役を言い渡された。

だが、3年で出獄した彼女は、性懲りなく、美容事業に再度手を染めて詐欺を行った結果、1878年に再び5年の懲役を科せられ、1880年、獄中で他界した。

現今に至っても、女性のしわ取りや、皮膚若返りの広告が、新聞やテレビに連日のように掲載されている。奇跡的な治療法がないにもかかわらず、女性はボトックスや充填剤、あるいはケミカル・ピーリング（薬剤で皮膚を剥がす治療法）などを利用する。

ところでイギリスでは、19世紀に日刊紙や雑誌が登場し、人々は広く読み書きができるようになって、広告が一般化するにつれて、大衆に大きな影響を及ぼし始めた。それを巧妙に利用したのが、他ならぬマダム・レイチェルである。

自分の店でしか手に入らず、数量が限定されていることを、熱心に富裕者相手の新聞や専門誌に誇大宣伝したので、ますます商品の需要を増大させた。その優れた手腕から、現在なら、彼女はおそらく一流広告企業の最高経営責任者になっていたに違いない、といわれている。

ところが意外なのは、毎週何千ポンドも荒稼ぎをして、私腹を肥やしたマダム・レイチェルは、その金を自分だけのために使わなかったことだ。諺で、「鬼の目にも涙」というように、無慈悲な人でも、情に感じて優しい態度を取ることがある。

彼女は冷酷な詐欺師だったとはいえ、子供の教育に努力を惜しまない、典型的な〝ユダヤ人の母（ジューイッシュ・マザー）〟だった。この語は、単に「ユダヤ人の母」の意味を越えて、「教育熱心な母」を意味している。ユダヤ人の母親は、教育について伝統的に畏敬の念を持ち、子供の幼少時から、教育に力を入れることで有名だ。ユダヤ人の諺に、「1人の母親は100人の教師よりも勝る」というものがあるくらいである。

それにたがわず、マダム・レイチェルは、子供の教育に金目を惜しまなかった。詐取した金で、自分が受けられなかった教育を子供に与えた。長男のデイビッドには、ユダヤ人が最も嘱望する医師にさせるために、ロンドンの医学校に通わせた。

娘のヘレーンは、パリに留学した結果、オペラのソプラノ歌手として名を馳《は》せた。ヴェルディの『アイダ』のアイダ役を得意とし、欧米で出演するようになった。だが、1888年4月、製作者と契約上の問題で喧嘩となり、激高した彼女はタクシーの中でピストル自殺を遂げている。

4 大がかりなアブスキャム事件

天才ペテン師の犯罪と逮捕

政治にお金は付き物である。崇高な理念を掲げて、国民のために献身的に奉仕する政治家が、どれほど少ないことだろうか。アメリカの言い伝えで、「政治は賄賂の生みの親」というように、政治家にはお金に絡む話題が実に多いのだ。アブスキャム事件は、まさに「賄賂の生みの親」を典型的に示す、大規模な政治スキャンダルである。

多くの政治家を巻き込んだばかりか、政府が直接関与し、名うての詐欺師を雇用し、ダミー会社まで設立して、多額の資金を注ぎ込んだ捜査を展開したことから、アメリカ犯罪史上、稀に見る特異な大事件となった。ユダヤ人詐欺師を中心にして、政治家の広範な汚職を暴いたことが、世間を驚愕させたのである。

しかも、「事実は小説よりも奇なり」というように、様々な男女を引き入れたスキャンダルだっただけに、この事件を題材にしてデイビッド・O・ラッセル監督によって、2013年に『アメリカン・ハッスル』という映画もつくられた。

事件の中心人物は、ユダヤ人のメル・ワインバーグである。彼は、持って生まれた詐欺の才能を持った、天才的ペテン師だ。1924年にニューヨークのブロンクスで生まれている。幼少時から、人を騙し続けていた。学校では、成績優秀の印として与える紙製金星を教師の机から盗んで、母親に見せては、自分が優秀な生徒だと自慢していた。また、父親がガラス板専門店を経営していたが、ガラス板の売れ行き不振を助けるために、町中を車で乗り回し、パチンコで石を飛ばして、方々のガラス窓を割った。そのお陰で、父の商売が繁盛したという。

このような幼少時の非行が、大人になってからの悪行に発展していく。手始めに、すぐ金持ちになれると謳って、保険詐欺や不正投資などを数々行った。その果てに、いかさまの国際金融ビジネスを営んで、犯行がFBIに暴かれるのだ。

ワインバーグは、1970年初めに「ロンドン・インベスター」という、もっともらしい名のついた金融会社を設立し、ニューヨーク郊外の田舎町にある妾宅で運営していた。

彼が狙ったのは、資金的に困窮している投資家や企業人である。

その投資家とは、例えば、株式の有力な内部情報を得ていながら、一獲千金を狙うにもお金がない人だった。またある企業家は、余分の金があれば、事業拡張ができると信じているが、資金が不足していた。また中には、会社が赤字続きで、資金を調達しなければ倒産する人もいた。このような人たちは、一様に緊急にお金を欲しがっているものの、市中銀行から借り入れを断られている。これが彼の目の付けどころだった。

そこで、オフショア銀行からの借り入れを斡旋すると甘言で彼らを釣り、「査定及び手続料」と称して、前金を受け取っていた。その手数料は、1件当たり2000ドル（約22万円）から5万ドル（約550万円）だが、相手の経済規模に応じて、金額の幅を決めていた。巧妙だったのは、欲張って1件で多額をせしめるよりも、少額で多数の客から取るのを心掛けたことだ。というのは、小額であれば、被害者は騙されたと気づかないか、気づいても、被害額が小さいので、あえて警察沙汰にする煩雑さを避けるからだ。彼の読みは見事に当たり、大儲けしたのである。

借り入れを申し込んだ人から催促されると、まだ審査中だと言い逃れて時間を稼いだ。言い訳を長く続けた末に断るときは、前金を払った人たちに、オフショア銀行が借り入れの申し込みを却下したと嘘をついた。払い込まれた前金は、返却されることなく、しかも大半の被害者は騙されたと気づいていなかった。著名なポピュラー音楽歌手、ウェイン・ニュートンまでも、金策に困って８００ドル（約9万円）を投資して、騙し取られている。

しかし、１９７７年、ピッツバーグの不動産業者が、ＦＢＩに彼の犯行を知らせるに及んで、彼と愛人のイギリス人、エベリン・ナイトが逮捕された。逮捕されたワインバーグは、１９７７年10月7日に、ナイトが刑を免れることを条件に有罪を認め、それまでの数々の犯行で禁固3年の実刑を受けた。だが、その後、ＦＢＩの捜査の手先になることに同意したため、取りあえず保釈される。

彼がＦＢＩから依頼されたのは、美術品窃盗団の一味を検挙することだった。ＦＢＩと協力した彼の巧言により、地方の飛行場を受け渡し場として指定して、窃盗団一味をおびき寄せた。この事件には多数のＦＢＩ署員が動員され、飛行機3機が駆使されるほど大がかりなものであった。その結果、盗難美術品を取り戻すことに成功し、窃盗団を一網打尽に逮捕した。

この解決により、ワインバーグの果たした努力と功績が認められて、裁判所は、先に下した禁固3年の刑を執行猶予付きの刑に減刑し、正式に保釈を許した。その上、ナイトの起訴も取り下げた。

FBIとの係わり

ワインバーグは、自分は詐欺師だと、公然として認めているが、彼の信条は「正直者は騙せない」である。これはアメリカの逆説を使った金言で、「正直でない人は騙しやすい」ことを意味している。つまり、世には真に正直な人は極めて少ないから、大方の人は騙せるというわけだ。

この語を如実に表したのが、お金に群がった多くの政治家である。ワインバーグが主導して騙したのは、上院議員1名と下院議員6人を始め、市長1名、役人10数人などと、アメリカ政界史上、空前の規模だった。その結果、多くの政治家が収賄のかどで検挙され、投獄された。

FBIが、ワインバーグを捜査の手先として選んだのには、それなりの深い理由がある。当初FBIは、先の美術品の盗難事件で成功した余勢を駆って、株式や社債の犯罪者を暴くことに集中した。それを糸口に、政治家が賄賂を受け取っている事実を把握し、政治汚職を追及する方針に切り替えて、おとり捜査に乗り出した。そのおとり役として、人を騙すことにかけては天才的な、ワインバーグに白羽の矢を立てたのである。これが見事に当たり、当初想像したよりもはるかに広範囲で、信じがたいほど大規模な政治スキャンダルを暴き出したのだ。

ＦＢＩのおとり捜査の計画は、綿密に立案された。まず、お膳立てとして、ニューヨーク近郊に虚構の会社、アブドル・エンタープライズ（Abdul Enterprises）社を設立した。そのスポンサーには、アラブの王室と親戚関係にある大富豪、アブドル・ラーマンという架空の人物を仕立てた上で、社長にＦＢＩ署員が就任し、ワインバーグは重役となった。

アブドル社を足場に、標的とする、賄賂に甘い政治家を誘《おび》き寄せることにした。なお、この事件は、先の社名アブドル（Abdul）の「Ab」に、スキャム（scam＝詐欺）を付け足して、「アブスキャム（Abscam）事件」と名付けられて、後世まで伝えられるほど有名になった。

さらに、同社に実体があるかのように偽装するため、ＦＢＩはわざわざ同社名義で、チェース・マンハッタン銀行に１００万ドル（約1億１０００万円）を預金している。たとえ政治家が疑念を持ち銀行に同社の信用を問い合わせたとしても、不審を抱かせないためである。

ワインバーグは、ＦＢＩの手先になったことで、３年の刑を免れただけでなく、驚くことに、手当として、下働きをした間、15万ドル（約１６５０万円）を支給されたが、それだけの値打ちは十分にあった。彼が苦労したのは、タイトな予算に悩むＦＢＩに、大富豪の生きる豪華な舞台を設定するよう説得することだ。金のかかった舞台装置を設けなければ、政治家たちを誘き寄せることは到底できないからである。

しかし、FBI署員は、薄給でファミリーレストランやモーテルしか知らないので、シャンパンのドン・ペリニヨンを振る舞う高級料理や、一流ホテル内部の豪華さをとても想像できない。ワインバーグは、FBIの限られた予算から、その費用を捻出することを、苦心しながら説得した。また、アラブ大富豪が、政治家との会合に出席する際は、必ず見せ金として、スーツケースに、現金をいっぱい詰めて用意させた。

ワインバーグの当初の役目は、FBIと協力して、標的となる人物を選ぶことであり、彼は、そのおとりとして、アラブの大富豪が、有望な投資先への資金として4億ドル（約440億円）を用意していると関係者に広く言いふらした。

その言葉に釣られて登場するのが、名うての詐欺師、ウイリアム・ローゼンバーグであり、この人物がアブスキャム事件の端緒を開くことになる。ワインバーグと同様にローゼンバーグも名うての詐欺師である。諺で「類は友を呼ぶ」というように、気の合った者同士が自然に寄り集まるのと同様、詐欺師たちは、うまい話があると、それを同じ詐欺仲間に売り込んだり、斡旋し合ったりする。

ローゼンバーグは、ワインバーグが4億ドルの投資先を探していると聞くと飛びつき、多くの儲け話を持って彼に会いに来た。その中で実現するものがあれば、投資額の手数料をせしめるのが目的である。

ローゼンバーグが提案した話で、ワインバーグの興味を最も惹いたのは、ニュージャージー州南部のアトランティック・シティで、カジノを開設する計画だ。ローゼンバーグは、１９７６年に同市が賭博を合法化して以来、大手企業数社が、カジノ開設のための資金を強く求めている。さらにカジノを開設するには、同州カジノ管理委員会から、認可ライセンスを取得しなければならないが、そのライセンスは賄賂で取得できると言う。

ライセンス授与の権限を掌握している大物として、彼が示唆したのは、ニュージャージー州カムデン市のアンジェオロ・エリケッティ市長であり、ローゼンバーグは市長を紹介できると自慢した。そこでＦＢＩが調査して判明したのは、エリケッティ市長が、賄賂を密かに取っている常習犯であることだ。彼は市長であるとともに、ニュージャージー州議会の有力議員でもあり、同州での陰の実力者なのだ。

ワインバーグは、ＦＢＩと相談の上、カジノ管理委員会に強い影響力を持つエリケッティに捜査の焦点を絞ることにし、ローゼンバーグを通じて、市長に投資話を持ち掛けたら、案の定、乗ってきた。

エリケッティは、相手が産油国の大富豪のアラブ人で、投資の金に糸目をつけないと聞いて、1978年12月1日、わざわざニューヨークのアブドル社に、ローゼンバーグを伴って出向き、ワインバーグと面談した。その際、市長は、

「オレがアトランティック・シティを全部差し上げよう。オレ抜きでは、何もできないよ」

と豪語し、許可権を持つカジノ管理委員会の副委員長、ケネス・マクドナルドと昵懇《じっこん》の間柄だと自慢した。

その後、ローゼンバーグがエリケッティ市長との間に介在すれば、金銭授与が確実に行われるかが分からないので、ワインバーグは、市長を直接説得して、ローゼンバーグ抜きで、直接2者間で話を進めることに決めた。

1979年1月初め、アトランティック・シティに、アブドル社一行が出向いた際、エリケッティ市長は、ボブ・グッチョーネ（『ペントハウス』誌の創設者）が、ペントハウス・カジノを拡張する資金を求めていることを話した。アブドル社が、同社に投資をすれば、市長はその成功報酬として、あからさまに前金2万5000ドル（約280万円）と、後払いの40万ドル（約4400万円）を要求する。

ところで、アトランティック・シティでは、すでにリゾート・インターナショナル社が開帳しており、千客万来で大繁盛をしている。それにあやかろうと12社が、カジノ創設を巡

って競い合っていたが、市中銀行は、カジノ管理委員会の認可ライセンスが取得できる当てがない先に、金を貸そうとしない。一方、アブドル社は、巨額の資金がすぐ投資できると吹聴している。

ここで、認可ライセンスの取得を保証できると言うエリケッティと、投資金が用意できるワインバーグのセールスポイントが一致したのだ。アブドル社が、自らカジノを開設しても、あるいは他のカジノへ投資しても、エリケッティは、その実現に向けて力を惜しまないと確約した。

1979年1月29日の朝、エリケッティは、ニューヨークのアブドル社の事務所に赴き、カジノ・ライセンスを取得するための工作金として、先に要求した前金、2万5000ドルを受け取った。その全額の現金が一度机の上に並べられた後、それを2つの封筒に半分ずつ入れて手渡されると、エリケッティはそれを平然と懐に入れて持ち帰った。

すでに万全を期して用意された隠しビデオに、その模様が克明に記録され、後の裁判の重要参考資料となった。収賄犯罪に慣れているはずのFBIの担当官も、このような政治家のあからさまで非倫理的な行いにあきれるばかりだった。

ビザの取得

さらに、おとりにされたのは、アブドル社社主、アブドル・ラーマンの永住権ビザの問題である。アラブの大富豪という設定の彼が、アメリカで長期滞在を許されるには永住権ビザが必要であり、それには国会議員の特別立法を必要とする。そこで、彼の出身国の政情が極度に不安なので、いつ国外脱出を図らなければならなくなるかわからないため、アメリカでの定住を熱望していることにした。

永住権ビザ取得の斡旋を買って出たのが、またエリケッティ市長であり、そのために賄賂で動く国会議員を多く紹介してくれたのだ。これをきっかけに、おとり捜査は地方政治家の汚職から、大規模な国家的汚職事件へと発展していく。

国会議員との面会場所は、FBIによって、一流ホテルや大邸宅のほか、麻薬犯罪で没収された大型ヨットが念入りに用意された。議員との取引場所には、監視カメラが事前に準備され、どの現金の受け渡しの場面も、ビデオで克明に録画され、後の裁判で抜き差しならぬ証拠となるようにしていた。

エリケッティ市長の指図で、議員に対する報酬として、1人当たり10万ドル（約1100万円）が現金で用意された。当時の議員の年給が6万ドル（約660万円）だったことから見て、どれほど高額だったかが分かる。もちろん、斡旋した市長へも報酬として、5万ドル（約550万円）を現金で手渡すことが約束されている。

まず、マイケル・マイヤーズ下院議員との面会場面は圧巻だった。1979年8月22日に、JFK国際空港近くのトラベル・ロッジ・ホテルの1室が、2日前から用意されていた。隠しカメラで撮影された現場は生々しかった。マイヤーズ議員は、前歴が港湾労働者の出身だけに、言葉も粗野である。おとり捜査官から、この時FBIは10万ドル（約1100万円）は用意できなかったものの、5万ドル（約550万円）を100ドル紙幣で受け取った際に、

「政界では、ホラはまかり通らんよ。お金がモノを言うんだ」

とうそぶいたのが、後にビデオが公開されるに及んで、この語が一躍有名になった。

その後、フィラデルフィアのホテルの部屋で、マイヤーズ議員がFBIのおとり捜査員に、文句をつけている様子も録画されたが、これはマイヤーズ議員があきれるほどに欲深いことを示していた。先に受け取った5万ドルの内、1万5000ドル（約165万円）しか受け取っていないとして、新たに残り8万5000ドル（約935万円）を公然と要求したのだ。仲立ちに入ったエリケッティと仲間が、斡旋料として、3万5000ドル（約385万円）づつ山分けしていたからである。

次に斡旋を依頼したのは、フィラデルフィア出身のレイモンド・レデラー下院議員である。場所は、ニューヨークJFK国際空港脇のヒルトン・ホテルの1室であり、エリケッティとワインバーグ、それに社主のラーマンに扮したFBI職員が待機していた。現れたレデラー議員に、ラーマンがビザ取得の意向を示し、

「議員は、ビザ取得の立法ができると思いますが……」

と、確かめると、

「できますとも。個人向けの法案ですね」

と、申し出を承諾した後に、現金5万ドル（約550万円）が詰まった茶色の紙袋を提《さ》げて、ホテルを立ち去った。

このビザ取得を斡旋する金目当てに、多くの議員が砂糖に群がる蟻の如く寄ってきた。その多くが民主党員だったが、唯一の例外がフロリダ州出身の共和党員リチャード・ケリーである。彼はこれまで金を受け取った議員のように一人ではなく、紹介者、つまり中間業者を立てて面談にやって来た。

このような仲介者を介在させるのは、直接の当事者だけになれば、問題が起きたときに逃げられないので、仲介者を何か問題が起きたときの隠れ蓑として使うからだ。ケリー議員は、仲介人のジーノ・チュージオを伴ってやってきた。チュージオは、ビジネス・コン

サルタントと称しているが、実際はマフィアの一員であり、ケリー議員を手なずけていた。議員とチュージオの間で、賄賂を折半することで話がついており、チュージオは手抜かりがないように、議員が一人でアブドル社長と面談する前に、ワインバーグをトイレに招き入れて、

「議員に直接、お金を渡さないで、私に手渡して下さいね」

と念を押した。

ケリー議員がビザの取得を確約したので、ワインバーグが議員に約束された5万ドルのうち現金2万5000ドル（約280万円）を手渡したところ、居合わせたみんなが驚いたことに、議員はその現金をポケットの中に詰め込むと、

「オレは貧乏で困っているから、涙が出るほどありがたいよ」

と言うや、膨らんだポケットを指さし、

「目立たないよね？」

と言い残して、立ち去った。外で待っているチュージオには隠して、独り占めにしていたのだ。もちろん、この場面は、終始、ビデオに記録されている。

このおとり捜査で、最大の「捕り物」になったのは、ニュージャージー州選出の上院議員、ハリソン・ウィリアムズである。彼は20年にわたって、上院の座を占めたベテラン議

員であり、労働組合や社会保障に関する多くの立法に関与している大物だ。

ところで、ＦＢＩが内偵した結果、ウィリアムズ議員が、バージニア州のパイニー・リバーにあるチタン鉱山に、利権を密かに所有していることが判明した。エリケッティは、知り合いのウィリアムズ議員を、偽のアブドル社社主の大富豪に仕立てられたヤーセル・ハビッブに引き合わせた。ＦＢＩは、ハビッブを念入りに仕立てるため、レバノン出身の署員を起用し、頭にクーフィーヤ（アラブ男性の装身具）をかぶせ、たどたどしい英語をしゃべらせた。

ウィリアムズ議員は、ハビッブがアメリカ政府の力でチタン鉱山の産物を取得できるなら、１億ドル（約１１０億円）貸すと言っていると聞いて、わざわざ会いに来た。エリケッティの立ち合いのもとに会談が進められ、ハビッブが、

「なんでも、あなたの力で実現できると思いますが……」と切り出すと、議員は答えた。

「私は20年間も、議員を務めており、決定権を持つ政府関係者を熟知していますから、ご希望の事柄を実現できます」

さらに、ニューヨークのプラザ・ホテルでの面談の際は、ハビッブたちの永住権ビザについても、「ビザが取得できるよう取り計らいますよ」と積極的に申し出た。ハビッブから現金は受け取らなかった代わりに、関与するチタン鉱山への投資を強く求めた。この発

言はすべて録画されて、後に彼の命取りになる。

事件の終幕

法務省傘下のＦＢＩの役割は、あくまでも捜査であり、そのおとり捜査は、１９７８年７月から１９８０年末まで２年間超続いた。それに要したＦＢＩの費用は、約60万ドル（約６６００万円）に上り、延べ約１００人の署員が動員された大がかりなものである。

アブスキャム事件が起こるまでに、賄賂で逮捕された議員は、史上10人しかいなかったが、この捜査だけで、検察によって上院議員１名と下院議員６名、計７名が起訴された。その他、エリケッティ市長と州議会議員１名、市議会議員３名、入国帰化局員１名も告発された。

中には、ラリー・プレスラー上院議員のように、賄賂の申し出を毅然と断った人もいる。議員は、ビッグ共同社主にビザ取得の立法の便宜を求められ、報酬金額を提示された際、収録されたテープの中で、

「ちょっと待ってください。あなたの申し出は非合法じゃありませんか」

と怒った。しかも会合の模様をＦＢＩにすぐさま報告している。そのことを、後にテレビ・コメンテーターから、「あなたは英雄だ」と褒められて答えた。

「賄賂を断る行為が英雄になるとは、世も末だね」

このように、たまには清廉潔白な議員もいるのだ。

1978年12月1日に、最初に逮捕されたのは、エリケッティ市長である。1981年5月に収賄と共同謀議で起訴され、「汚職の泥沼の中心人物」と非難されて、禁固6年の厳刑を受けた。幸い2年8か月で出所し、釈放後は不動産会社のコンサルタントを務め、2013年に死去している。

マイヤーズ議員は、収賄罪で、1980年10月2日に、下院では1861年以来、下院で初めてとなる除名処分を受けた。さらに、1981年に行われた裁判では、収賄と共同謀議の容疑で、禁固3年の刑を下され、1年9か月で出獄している。出獄後、有名になった発言、「政界では、ホラはまかり通らんよ。お金がモノを言うんだ」について、

「あの時よりも、今の政界の方が、もっと実情に近いよ」

と、苦しい言い訳をしている。

共和党のケリー議員は、1982年1月に起訴され、抜き差しならぬ証拠を突き付けられて、

「あの現金を受け取ったのは、おとり捜査に協力するためだ」

と、言い逃れたが、裁判官に聞き入れられず、禁固6～18か月の不定期刑を受けて、13

か月で出所している。

なお、ウィリアムズ上院議員は、上院倫理委員会から「倫理的に矛盾した行動」を犯したという理由で退職すべきだと勧告され、上院の議決を待たずに、1982年3月11日に自主的に辞職している。裁判では、禁固3年と5万ドル（約550万円）の制裁金を科せられた。上院議員が禁固刑を受けて入獄したのは、実に80年ぶりのことである。1986年1月31日に釈放され、残りの刑を社会復帰訓練所で過ごし、当時のクリントン大統領に恩赦を願ったが、拒否されている。

多くの議員に対して行われた裁判では、弁護側は刑を免れるために、事件の中心人物、ワインバーグの詐欺師としての実態を暴くことに集中した。彼が生涯通じてのいかさま師であり、うそつきだということを立証して、陪審員が彼の証言を信用させないように図った。ワインバーグが、幼少時に窓ガラスを破壊したことから、「ロンドン・インベスター」の詐欺事件に至るまで、洗いざらい取り上げた。だが、彼がそのスキャンダルをすべて素直に認めたものだから、かえって正直さが評価され、弁護側の意図は不発に終わった。

さらに弁護側は、おとり調査の違法性を取り上げ、その根拠として、「罠の抗弁」を反論に使っている。罠の抗弁とは、おとり調査によって、検挙された犯罪が訴追された場合、本来犯罪を阻止すべき国家が、犯罪の発生を阻止せずに関与していることだ。つまり、国家が関与した犯罪を、自ら訴追することになるので、その自己撞着を突かれるのだ。しかし、この弁護側の反論を、裁判官はことごとく違法性はないと判断している。

事件後、FBIの担当官、ジョン・グッドは、ワインバーグのことを、

「彼は非常に鋭い頭脳の持ち主です。粗野な面がありますが、彼の助けなくしては、この事件は到底解決できなかったでしょう」

と褒めたたえている。

なお、ワインバーグの私生活は、乱脈を極めている。共犯とされた19歳年下の愛人、エベリン・ナイトは、妻のマリエには内緒で、長年、近くのマンションで囲われていた。ワインバーグは、妻には、そのマンションを、取引先のトラック会社の役員のために購入したと説明していた。だが、あまりにも頻繁にそこへ通うものだから、疑念を持ったマリエが、部屋を訪れると、ナイトと鉢合わせになり、つかみ合いの大喧嘩となった。ショックを受けたマリエは離婚し、夫の数々の悪業をばらした後に、間もなく首つり自殺をする。その数か月後、ワインバーグはナイトと結婚するが、ほどなく離婚している。

ところで、裁判後、視力の衰えた90歳に近いワインバーグは、フロリダのケネディ宇宙センター近くの老人ホームで寂しく過ごしており、アブスキャム事件を振り返って、

「オレは根っこからの詐欺師だ。ただ、有罪になった議員たちと大きく違うのは、彼らが

盗む費用を、国民の税金で賄っていることだ」と、毒舌を振るっている。

しかも、アブスキャム事件が２０１３年に、『アメリカン・ハッスル』として映画化されたとき、自伝の権利を、抜け目なく映画会社に25万ドル（約２７５０万円）で売っている。年老いても、矍鑠《かくしゃく》たるもので、金儲けの才は衰えていなかったようだ。

5 グローバル規模の詐欺事件

大型詐欺事件がアメリカ国内で、専ら展開された中で、次に紹介するのは世界を足場に、かつてないほど多くの人が巻き込まれた詐欺事件である。

バーニー・コーンフェルドは、父がルーマニア系ユダヤ人の俳優で、トルコのイスタンブールで生まれ、４歳の時に両親とともにニューヨークのブルックリンに移住している。彼が6歳になると、父が死去したので生活に苦労し、放課後、果物屋の手伝いや配達員となって家計を支えた。苦学の末、コロンビア大学院で、後の人生とは対照的な社会福祉学で修士号を取得し、卒業後、投資信託のセールマンとなった。そこで得た知識と経験をもとに、パリに移り、1956年、30歳の時に小資本で、インベスターズ・オーバーシーズ・サービシズ社（IOS）を立ち上げた。

コーンフェルドが手掛けたのは、アメリカの自由運用型の投資信託（ミューチュアル・ファンド）である。当初はフランスを拠点にして、主にフランスに駐在するアメリカ兵や海外居住のアメリカ人を相手に取引していた。彼らはアメリカ向けの投資手段に無知だったので、それに乗じてコーンフェルドはヨーロッパ全土に取引の場を拡大するようになった。

その手口は極めて巧妙である。彼が、海外での投資信託の販売に集中したのは、SEC（米国証券取引委員会）の規制が及ばないからであり、実際、彼の意のままに販売を伸ばすことができた。コーンフェルドは、「オレは資本主義の民主化を図っている」を名目に、IOSの投資家の誰もが、金持ちになれると公言した。そこで、〝Do you sincerely want to become rich?（お金持ちに、なりたいんじゃないの?）〟という巧みなセールス口上で、多くの顧客を惹きつけた。

それに加えて、販売員に多額の手数料を払うことで販売意欲を高めた。その結果、その中の100人超は百万長者になったほどだ。また、〝投資プログラム〟という後払いが可能な新手のファンドを用意し、加入を容易にしたことも手伝って、売り上げを増大させていった。

１９６９年末の絶頂期においては、約1万３０００人のセールスマンを雇用し、戸別訪問をさせて投資信託を売り込んだ。その規模は１１０か国に拡大し、約75万人の顧客から年約25億ドル（約２７５０億円）の売上を上げた。その結果、ＩＯＳは世界最大の金融商品販売会社にのし上がったのである。その頃、『ビジネス・ウイーク』誌は、コーンフェルドを「ヨーロッパの現金の王様だ」と、彼の集金力を褒めそやしたほどだ。

コーンフェルドの商魂のたくましさを伝える実話がある。ベルギー領コンゴ（現在のコンゴ民主共和国）にいるＩＯＳのセールスマンが、血なまぐさい革命に巻き込まれて、彼宛に「暴動が発生。サディズムと強姦が横行」と死に物狂いで打電してきた。それを無表情で見たコーンフェルドは、

「分かった、分かった。それで商売を続けているの？」

と周りに言ったそうだ。彼にとって、個人の身の安全よりも、ビジネスの方が大事なのである。

しかもコーンフェルドは、投資家から集めた大金の中から約1億ドル（約１１０億円）もかすめ、懐を肥やしていた。スイス・ジュネーブ郊外のナポレオンが築城した城を買収して本拠を構え、多くの美女に囲まれたハーレム状態で、奢侈《しゃし》逸楽《いつらく》にふけていた。それ以

外に、ロンドンの超高級住宅街、ベルグラビアの屋敷と、ロサンゼルス、ビバリーヒルズの寝室12と浴室20もある豪邸グレイホール・マンションを購入し、自家用機数機を所有して世界を飛び回っていた。その当時の派手な生活の様子は、新聞のゴシップ欄を連日のようににぎわせていた。

しかし、浮かれた生活は長続きせず、驕る平家は久しくなかった。1970年になると、テクノロジー株を中心とした株式市場の大暴落の影響で、IOSが運用する投資信託の価値は暴落し、資金不足に陥って運営は行き詰まった。IOSは1969年に3000万ドル（約33億円）の利益を上げたと公表していたが、同社の倒産後、判明した実際の利益は1030万ドル（約11億円）に過ぎなかった。

誰もがIOSを救済しようとしない中を、名乗り出たのはロバート・ベスコである。彼は持ち前の手口で、同社を乗っ取り、コーンフェルドを解雇した。ところがベスコは、世界を股にかけて活躍する稀代の詐欺師だったのだ。

ベスコの父はシシリー島出身の貧しい自動車工で、ベスコはデトロイトの高校を中途退学して、倒産寸前の会社を買収する仕事を手掛けて一儲けするようになった。そのやり方は、オンボロ会社を敵対的取引で乗っ取っては、この株式を巧みに高値で売りさばくことだ。1968年、34歳の時には、航空会社や製造企業数社を所有するまでに至り、資産は

5000万ドル（約55億円）に達した。

ベスコは、1970年、その同じ手口でIOSを乗っ取って、いったん経営権を握るや、1973年に、2億2000万ドル（約242億円）を持ち逃げして、アメリカと犯罪人引渡し条約がない国へ逃亡する。結局、死に体のIOSに、とどめを刺したのが、ベスコである。

18世紀のフランスの哲学者、ヴォルテールは、「犯罪に恐怖が付きまとうのは、刑罰があるからだ」と喝破したが、それを地で行ったのはベスコである。1973年には、SECの寛大な処置を得ようと、ニクソン大統領の再選委員会に現金20万ドル（約2200万円）の違法献金したかどで起訴されている。そこで司直の追及の手を逃れるため、コスタリカからバハマと転々として逃げ回り、果てはキューバにたどり着いた。いずれの国でも、政府高官に賄賂を渡すことで、滞在を認められていた。コスタリカでは、彼を国外退去させない特別法まで制定させたが、政権が変わったため、庇護《ひご》が受けられなくなり、1978年にキューバへ移った。

その間、カリブ海東部のアンティグアの離島を購入し、独立国を創設してまで懸命に保身を図ったが、結局キューバでは、1996年に偽薬品を売買したかどで裁判に付され、禁固13年の刑を受け、2007年11月、ハバナの病院で寂しく肺がんで死去している。

一方、コーンフェルドは、1973年に、IOSの従業員から、同社株式を不当に買わされたことを理由に、スイスで訴えられて敗訴し、11か月入獄している。その際、スイス裁判官から、コーンフェルドが自身の利益のためにIOSを操って、多くの人を惑わせたと激しく非難されている。結局、IOSが倒産したため、証券を買った多くの投資家が、同社から煮え湯を飲まされ、総額何百万ドルという巨大な損失を被ったのである。

しかし彼は、出獄後、詐欺行為が行われたのは、自分の在職時でなく、IOSの会長職から追放された後で、ベスコが乗っ取ってからだと、他人に責任を擦り付けた。また、諸外国に分散されているIOSの資産約1億8000万ドル（約200億円）を、取り返す法的手続きを取ったと、うそぶいたが、その目途は全く立っていなかった。彼は依然として、抜け目なく2000万ドル（約22億円）を隠し持っており、世界5か所にある豪邸を利用しながら、多くの美女と戯れていた。その私財を、被害を受けた投資者に弁済すべきだと厳しく批判されても、馬耳東風と聞き流していた。

彼は1975年に、「ブルーボックス（長距離電話が無料の違法電子装置）」を使ったかどで、アメリカで裁判にかけられ、禁固90日の刑を受けて服役した。それ以外にも1990年に、IRS（アメリカ合衆国内国歳入庁）から30年前までに遡る1500万ドル（約16億5000万円）の脱税で訴えられたが、うまく逃れている。それにもめげず、1992年になっても、商売意欲は衰えることなく、ロサンゼルスで不動産会社を営み、映画会社MGM社の5億ドル（約550億円）の買収にも携わっている。

しかし、コーンフェルドは遊び疲れたのか、身を固める決意をし、クリスチャン・ディオールの元モデルとロサンゼルスで結婚し、一女をもうけたが、間もなく離婚している。その後、出先イスラエルにおいて心臓麻痺で倒れ、1995年3月2日、ロンドンで孤独死している。享年67歳だった。

6 天才詐欺師ミンコウ

ユダヤ人のバリー・ミンコウは、1966年、ロサンゼルス近郊のレシーダで生まれている。彼は15歳の若さで、ZZZZベスト社（ジー・ベスト社と略）というカーペット・クリーニングの企業を立ち上げた。この職に馴染んだのは、彼が9歳の時に、母親が勤めているカーペット・クリーニング店で、注文の電話を取り次ぐ仕事をしていたからだ。

そこで得た知識をもとに、高校2年生の時に、両親の車庫で従業員3人と電話4台で事業を始めた。しかし、会社の運営資金をまかなうのに苦心惨憺《さんたん》する。というのは、カリフォルニア州の法律で、未成年者は拘束力のある契約を締結したり、小切手にサインするのを禁じていたからだ。運営経費を捻出するため、祖母の宝石を売ったり、不渡り小切手を振り出し、クレジット・カードの不正請求などで食いつないでいた。これが将来の悪の道に走る素地を作ったようだ。

間もなく損害保険鑑定の友人と、保険鑑定のペーパー・カンパニーを設立した後に、書類を偽造して、銀行から多額の借り入れに成功した。その結果、ジー・ベスト社は、資金的に潤うようになり、カリフォルニア州南部にまで事業を拡大する。

図に乗った彼は、1986年1月に、ジー・ベスト社をNASDAQに上場することを企てた。公認会計士が、上場前に同社を調査したときは、偽の事務所に案内した上に、何千もの虚偽の書類を作成し騙していた。IPO（新規株式公開）は、同年12月に締め切られ、1500万ドル（約16億5000万円）を調達することができた。その結果、ミンコウは21歳にして、新規株式公開による資金調達に成功したので、IPO史上、最小年者になった。裕福になった彼は、フェラーリやBMWの高級車だけでなく、豪華マンションまでも手に入れている。

1987年2月に、ジー・ベスト社の株価は、NASDAQで18ドル（約2000円）

に上昇し、会社資産は2億8000万ドル（約308億円）に膨れ上がった。支店はカリフォルニア州だけでなく、遠くアリゾナ州やネバダ州にまで広がり、従業員は約1030人を雇うまでになった。さらに彼は、自社の倍の規模もある同業他社、キーサーブ社を2500万ドル（約27億5000万円）で買収しようとしたばかりか、もう一社、同業のサービス・マスター社も敵対的取引で乗っ取ろうとした。しかも、大リーグのシアトル・マリナーズの買収も企てた。

しかし、ミンコウは調子に乗り過ぎたようだ。数年前の1984年~1985年、彼にクレジット・カードで、数百ドルの不正使用をされた女性が、同じ手口で騙された女性を集めて、ロサンゼル・タイムズ紙に情報提供した結果、女性たちの被害総額は2000ドル（時価換算、約50万円）に上ることが判明し、このことが大きく報道された。そのため、先の買収計画が契約締結寸前に、ご破算になっただけでなく、ジー・ベスト社の株価は28%も暴落する。

さらなる内部調査で、多くの不正行為が明らかにされ、1987年7月2日にミンコウが責任を取って辞職すると、ジー・ベスト社の株価は、同年2月の最高値から、1株当たり3・5ドル（約390円）と81%も暴落した。彼が去った後の経営陣が調べたところ、彼は2300万ドル（約25億円）を持ち逃げしていることが分かった。1989年に同社は破産する。また、ロサンゼルス警察がジー・ベスト社の事務所やミンコウの自宅を家宅捜査したところ、組織暴力団のために資金洗浄をしていることも判明した。

1988年1月、ついにミンコウは、証券詐欺、資金洗浄、横領、恐喝などのかどで起訴され、同年12月14日にすべての罪状で有罪とされた。翌年3月27日、23歳の彼に対し禁固刑25年と2600万ドル（約28億6000万円）の弁済命令が言い渡された。裁判長のディックラン・テブリザンは、ミンコウが軽い刑を懇願したのは、全くふざけているとし、この判決は、金融システムを悪用したことに対する〝お仕置きだ〟と述べた。

しかしミンコウもさる者で、ユダヤ人でありながら、獄中でキリスト教に改宗して、牧師の資格を取得している。そのことから、心を入れ替えて更生したと認められ、刑期25年に対しわずか7年半で釈放された。その後、サンディエゴのコミュニティー・バイブル教会の牧師に就任したが、彼の改心は見せかけだけだった。一度、ボロ儲けで味を占めると、止められないものと見える。

きっかけとなったのは、教会の信者が、取引している金融管理会社の経営に不信を抱き、ミンコウに実態調査を依頼したことだった。彼が調査すると、同社は3億ドルに上るネズミ講であることが判明したので、当局に知らせた。悪知恵《わるぢえ》と商才に長《た》けた彼は、これで味を占めて、2004年に「フロード・ディスカバリー・インスティチュート（不正発見研究所、FDIと略)」を設立して、有料で企業の不正を暴く調査会社を設立した。だが、皮肉なことに、この会社自身が不正を働く温床となるのだ。

ミンコウが最初に標的にしたのは、ボロ株(超低位株)会社である。この種の企業は不正を働くことが多いからだ。新事業を始めてから、10億ドル(約1100億円)の不正を暴いたと豪語し、FBIも勧善懲悪の模範として称賛したので、2008年6月、テレビ番組に取り上げられるほどの話題を呼んだ。

ところが彼の手口は巧妙で、調査した会社の不正を暴露する前に、その株式をショートしていた。ショートとは、「ロング・ポジション」に対する「ショート・ポジション」の略で、割高と思われる銘柄を「売りのポジション」を取って運用することだ。つまり、ミンコウは不正が公表されれば、その会社の株式は値下がりするのを見越して、事前にその株を大量に仕入れ、発表後、株価が下落すると、一転して売り抜いて利ザヤを稼いだ。

このやり口で、複数の企業の不正約10億ドルを暴いたことから図に乗って、ボロ株会社から大手企業へと手を伸ばしていった。まず狙いをつけたのは、健康食品やスキンケアを取り扱うハーバライフ社だ。私立探偵を使って調査した結果、同社CFO(最高財務責任者)のグレゴリ・プロバートが、経歴詐称をしていることが判明する。プロバートは、カリフォルニア州立大学でMBA(経営学修士)を取得したとは嘘で、修得前に退学しており、ミンコウの告発によって、プロバートは辞職を余儀なくされた。

さらにミンコウは、同社製品に有害な鉛が混入されていると主張した。これはハーバライフ社にとって死活問題なので、独立検査機関を使って検査した結果、その事実がないことを盾に、ミンコウと法廷で争うとした。

だが、その後、風評を恐れた同社は、彼に30万ドル（約3300万円）を支払って和解した。その代償として、ミンコウは同社に対する糾弾を止め、ハーバライフ商品の品質が優秀なことを公表させられた。しかしその陰で、彼は同社の株式をショートし、抜け目なく5万ドル（約550万円）を稼いでいる。

これに懲りずに、2009年1月に手掛けたレンナー社が、ミンコウの命取りになる。彼は、サンディエゴの開発業者の依頼に基づいて、建設会社レンナー社の決算に広範な不正が見られると暴き出した。そのため同社の株価は、2日にして30％も暴落したので、株式時価総額は5億8000ドル（約640億円）も激減した。

2010年12月27日、我慢できなくなったレンナー社は、名誉棄損と恐喝のかどでミンコウを訴えた。裁判では、ミンコウが、同社の株の値下がりを見越して2万ドル（約220万円）のオプション取引（株を売買する権利の取引）を行って儲けていただけでなく、株価の下落後には、反転して値上がりすることを見越して、株を購入したことが明らかにされた。さらに教会の免税特典を利用して、それを足場にFDIを運営していることも判明した。その上、彼が証拠隠滅を図り、数々の虚偽の証言をしたことから、裁判官の心証を著しく害し、「裁判所に対する詐欺」を行ったとして、彼に異例の裁判中止の制裁を科し、レンナー社の裁判に要した訴訟費用の支払いを命じた。

２０１１年3月になると、ミンコウは、レンナー社との民事裁判に次いで刑事でも、証券法違反で訴えられた。寛大な処置を求めてインサイダー取引を認めたが、裁判長は「良心のかけらもない」と非難し、彼に5年の禁固刑を科し、レンナー社に対する賠償金として、5億８３５０万ドル（約６４０億円）の支払いを命じた。

この他、ミンコウは２００１年〜２０１１年、教会に在職中、教会の経費とクレジット・カードを私的に流用したばかりか、89万ドル（約1億円）の個人所得を隠し、26万ドル（約２９００万円）も脱税していたことが明らかになった。その中には、信者がスーダンの病院向けに寄付した７５００ドル（約82万５０００円）や、10代の孫に振り向けた30万ドル（約３３００万円）が入っていた。

その罪によって、２０１４年4月28日に再び起訴されて、禁固5年の判決を受け、３４０万ドル（約3億７０００万円）の返還を命ぜられた。ミンコウは、証券法違反で5年の禁固刑に服役中であったため、新たな5年の禁固刑はその終了後に追加されることになる。

ケンタッキー州レキシントンの刑務所から釈放されるのは、早くても2019年6月6日の予定である。

第2章◉巨額金融スキャンダル

1　法を超越する悪者たち

ユダヤ人がお金の運用に秀でて、金融業界に多大な功績を残した反面、これが行き過ぎて、多くの金融犯罪を呼んだことは否定できないと思う。興味深いことに、アメリカの金融史上、最大級のスキャンダルとされている事件の大半が、ユダヤ人によるものなのだ。

その典型的な例は、アイヴァン・ボウスキーによるインサイダー取引事件であろう。ボウスキーは、アービトラージを専門とする業者である。アービトラージは、サヤ取りとも呼ばれ、同じ株式で、一時的な価格差が生じた際に、その値差で利益を得ることを意味する。彼はこの商売を得意にしており、驕慢《きょうまん》になりながらも、インサイダー取引で大きな富を築いた。

生い立ち

ボウスキーは、裕福な家庭に生まれなかった。ユダヤ人の父はロシアからの移民であり、デトロイトでバーのチェーン店を展開し、トップレスやストリップ・ショーを売り物にしていた。

高校時代、学業は優秀でなかったが、レスリングだけは得意であり、学校から表彰されるほどの腕前であった。その後大学を３つも変え、やっとデトロイト大学に入学したものの、２回落第した後に、５年かけてやっと卒業し、弁護士資格を取得している。

ボウスキーに大きな転機は、どう見ても出来が悪い彼を、シーマ・シルバースタインが、ぞっこんほれ込んだことだ。２人は間もなく結婚し、男の子ビリーをもうけた。彼女の父は、地元の裕福な不動産開発業者であり、義父の資金援助に恵まれるようになった。

ボウスキーは、かねがねアービトラージで開業したかったので、その中心地、ニューヨークへ移ることになった。転居の際、金持ちの義父は、パーク・アベニューに面する高級マンションを買い与えている。

新天地で、ファースト・マンハッタン社に勤めた後、エドワーズ＆ハンリー社で、アービトラージの新部門を任せられた。大胆な取引を行って立派な実績を上げたものの、会社が倒産してしまう。そこで妻が、母より受け継いだ多額の遺産を元手にし、ボウスキーは自分のアービトラージ会社を立ち上げて、サヤ取りの商売に専念することになる。

彼の株式取得の手法は、典型的なサヤ取りで、企業買収発表の数日前に、特定の株式を最大限に買い占めて、発表後、株価が高騰するのを見計らって、高値で売り抜くことだ。

ベンディックス社を手始めに、ゲッティ、ガルフ、カーネーションなどの一流企業の株式を、買収発表の数日前に最大限に買い占めて、値上げを待って売り逃げた。これがことごとく当たって、大儲けしたものだから、天才投資家ともてはやされ、時代の寵児として、『タイム』誌（1986年12月号）の表紙を飾ったくらいである。そのことから、同業者からねたまれ、〝ピギー（貪欲な男）〟のあだ名をつけられた。

有頂天になったボウスキーは、1986年にカリフォルニア大学バークレー校で行ったスピーチで、悪名高い「強欲は健全だ（I think greed is healthy.）」の一言を吐いて、世間の顰蹙《ひんしゅく》を買った。

ところが、このように続けざまに成功を収めたのは、彼の天分の才覚によるものでなく、同業者と共謀して、インサイダー取引に手を染めていたからである。彼らに賄賂を渡すなどの手段により、同業者から事前に大型合併や買収の情報を密かに入手していたのだ。

ボウスキーの長所は情報収集マニアだったことで、飽くことを知らずに情報を入手していた。後述するデニス・レビーンには、知り合ってまだ間もないのに、日に12回も電話をかけてきたという。だが、ボウスキーは情報通でもあったので、相手も、ないがしろにできず、貴重な情報源として扱っていた。

シーゲルとの出会い

ボウスキーが初期の成功を収めた陰に、マーティン・シーゲルの存在を忘れることはできない。シーゲルは、ボウスキーと違って、ユダヤ人の父が、ボストンで靴専門店を経営する良家の育ちであり、ハーバード大学を優秀な成績で卒業している。

彼は大学卒業後、1971年に、ボストンのキダー・ピーボディ社に入社し、1986年にドレックセル・バナム社に移っている。ボウスキーとの出会いは、1982年、キダー・ピーボディ社に在籍中、ニューヨーク市のハーバード・クラブにおいてである。ここは、ハーバード大学の卒業生が集まる名門の社交場で、多くの著名人やエリートが加入している。かつてフランクリン・ルーズベルト大統領やジョン・F・ケネディ大統領が属していた。そこには、食堂やバー、宴会場以外にスカッシュ用屋内球技場やジム、プールまで用意されている。

ボウスキーがハーバード大学出身でないにもかかわらず、この名門クラブに加入できたのは、同大学の分校に多額の寄付を行ったからである。もちろん彼の狙いは、ここに多く集まるウォール街の大物やエリートと近づくことだ。

その狙いは、見事に当たり、ボウスキーは、シーゲルとスカッシュを競い合いながら、仲良くなり、彼の信頼を勝ち取るようになった。アービトラージやM&Aについて話し合いが及ぶようになっただけでなく、シーゲルは、次第に仕事上の不満や家庭上の悩みを、ボウスキーに打ち明けるようになる。

シーゲルはM&Aに関しては、業界で屈指のやり手として、名を馳せていたので、情報マニアのボウスキーはM&Aについて根ほり葉ほり尋ねた。あまりにも多くのことを聞くものだから、シーゲルは彼に向って、

「僕は、君のコンサルタントみたいなものだね。そのようなアドバイスで、僕の客は多くの金を払っているよ」

と言った。

ボウスキーは、その言葉を捉えて、

「十分な情報さえくれれば、お金を払ってもいいよ」

と、インサイダー情報の提供を暗にほのめかした。自分のアドバイスに多大の価値があり、相応の対価に値すると自負するシーゲルは、

「年末にボーナスをもらってもいいね」

と答えたのだ。

1982年8月、ベンディックス社が、軍需産業大手のマーティン・マリエッタ社（現

在、ロッキード・マーティン社）を乗っ取ろうとしていた。シーゲルは、乗っ取りを受ける側のマーティン・マリエッタ社の企業防衛策を任されていたので、その一部始終を熟知している。

乗っ取る側の株価は、乗っ取りに伴うコスト・アップや収益の低下によって、通常、株価が低下する反面、受け身側の株価は上昇する。そこで、シーゲルはボウスキーに電話をかけて、ベンディックス社の乗っ取りが失敗するのを見越して、「ベンディックス社の株を買え」と耳打ちしたのだ。ボウスキーは、得たりとばかりに、ベンディックス社株式の買い占めに走った。

シーゲルのアドバイス通り、ベンディックス社は乗っ取りに失敗し、株価が上昇に転じた。ボウスキーは、シーゲルの内報で買った株で、12万ドル（約1300万円）もの利益を上げることができた。

片やシーゲルは、購入したアパートや乳母と家政婦などの費用がかさみ、金繰りに困っていたので、年末に、ボウスキーに対し、約束のコンサルタント費用として、15万ドル（約1650万円）を要求する。彼はボウスキーがどれだけ株を買って、儲けたかは知らなかったが、これまで与えた多くの貴重なアドバイスを考えると、それだけの値打ちが十分にあると見なしていた。

それに対し、ボウスキーは聞いた。

「支払い方法は？」

「現金だ」

とシーゲルが答えた。

その数週間後、ニューヨークの著名なプラザ・ホテルのロビーに、シーゲルが入ってきた。そこにはボウスキーの運び屋が待っており、示し合わせた言葉を交わすと、運び屋はシーゲルに書類用鞄を手渡した。それからすぐにアパートに戻ったシーゲルが鞄を開けると、そこには、ラスベガスのカジノ、シーザー・パレスの紙リボンでくくった100ドル札で、約束の15万ドルがびっしり詰まっていた。なお、ラスベガスのカジノは、マネー・ロンダリング（資金洗浄）をすることで有名であり、ボウスキーはこれを利用して、足がつかないように、念には念を入れていたのだ。

強欲はいいことだ

いったん悪に手を染めると、なかなか抜け切れないものである。1983年1月、シーゲルはボウスキーに、大手化学薬品会社、ダイヤモンド・シャムロック社（DS社と略）が、石油会社の買収先を探していて、それは多分ナトマス社であり、ナトマス社の株式を今買えば、買収取引は数か月先なので、インサイダー取引を感づかれないと密かに伝えた。

この貴重な情報に基づいて、ボウスキーはDS社の株を買い進めたが、同社が買収の資金繰りができなくなり、交渉を中断したため、彼は資金難に陥りパニック状態に陥った。だが、シーゲルは「心配するな、大丈夫だ」と、彼をなだめた結果、DS社は必要資金をようやく調達し、同年5月に買収に成功する。その間、ボウスキーは、実にDS社の80万株も購入し、総計480万ドル（約5億3000万円）の利益を上げることができた。

また同年9月、シーゲルはボウスキーに、J・ポール・ゲッティの相続人、ゴードン・ゲッティが、ゲッティ石油社の経営に不満を持ち、自ら買収に乗り出すとの情報を知らせた。ボウスキーは、早速ゲッティ石油社の株式を買い占め、22万ドル（約2500万円）の利益を上げた。さらに同社株式を買い進めたところ、大手石油会社、ペンゾール社とテクサコが、ゲッティ石油社の買収に乗り出して、同社の株式はさらに値上がりし、ボウスキーは、実に5000万ドル（約55億円）の巨利を上げた。

その上、ブラウン・フォーマン蒸留酒会社が、陶器で有名なレノックス社を買収することをボウスキーに知らせたので、これも早手回しに株を買い進め、400万ドル（約4億4000万円）も儲けた。

同業他社は、ボウスキーが手掛けた買い占めが、ことごとく成功するものだから、驚くと同時に非常にねたんだ。これほど先見の明があるとは考えられず、きっと有力なインサイド情報源があるに違いないと、にらんでいた。

1983年12月末に、シーゲルの〝ボーナス〟の話し合いが、2人の間で交わされた。シーゲルは当然のことながら、自分の情報がどんなに役立ったかを思い出させた上で、正当な額として25万ドル（約2750万円）を要求した。というのも、シーゲルは、勤務するキダー・ピーボディ社から733万ドル（約8億円）の年俸を得ていたが、市内の一等地に4LDKの豪華アパートを購入したばかりで、補修や内装でお金がどうしても必要だった。

ボウスキーは、これまで自分が上げた利益から見れば、僅かな額と考え、すぐさま25万ドルの申し出を受け入れた。後日、前回と同様に、プラザ・ホテルのロビーにシーゲルが入ると、ボウスキーの運び屋は、合い言葉で、シーゲルに書類用鞄を手渡した。アパートに戻ったシーゲルが、鞄を開けてチェックをすると、今度は要求した100ドル札でなく、1ドル札で詰まっていた。しかも、総計21万ドル（約2300万円）しかなかったので、運び屋が一部をかすめ取ったのではないかと疑った。後に、このことでボウスキーに文句をつけたが、事を荒立てることはなかった。

1985年1月になると、シーゲルはこれまでボウスキーを助けた報酬として、40万ドル（約４４００万円）を要求した。後日、待ち合わせ場所で待っていると、運び屋を監視している人物を見かけたので、恐れをなしたシーゲルは、受け取らずに立ち去った。そのことをボウスキーに話すと、驚いたことに、運び屋以外の人物は、運び屋が確かに金をシーゲルに手渡したことを確かめるためにボウスキーが派遣していた。それほどボウスキーは用心深かったのだ。何れにしろ、後日、40万ドルはスムーズに手渡されたが、この件で強い不安を感じたシーゲルは、ボウスキーとの関係を、これをもって断ち切る。

一方で、シーゲルは意外な大物から、密かに内部情報を得ていた。後にその名が明かされるに及んで、世間を唖然とさせたのである。ゴールドマン・サックス社といえば、業界で格式が最高の投資銀行として名高い。その人物は、同社のアービトラージ部門幹部のロバート・フリーマンである。彼は業界でも、無口で洗練された良心的人物と見なされていただけに人々はみな驚いた。シーゲルは、彼から得た情報をボウスキーに流して巨利を得ていた。

ただ、フリーマンとシーゲルとの間には、現金のやり取りはなかったようで、もっぱら情報交換に徹し、シーゲルはボウスキーと組んで儲ける一方で、フリーマンは、〝手張《てば》り〟、つまり、シーゲルの情報に基づいて、株式の売買を個人で密かに行って、自分の利益を得ていた。

しかし、後にシーゲルが検挙された際に泥を吐き、フリーマンを共犯として名指し、その上、フリーマンの助手、デイビッド・ブラウンの供述が、それを裏打ちしたものだから、1987年2月、フリーマンは事務所で、同僚が見守る中で検挙された。1987年2月、彼は起訴されて有罪を認めた結果、禁固4か月の刑を受け入獄した。1993年6月に行われた裁判では、110万ドル（約1億2000万円）の返還を命ぜられ、証券業界から3年間追放された。

シーゲルは、1984年を持ってボウスキーとの関係を断ち切ったものの、1986年11月、ボウスキーは司法取引で、共犯としてシーゲルを名指したので、逮捕されるに至った。1990年6月18日、ニューヨークの裁判所で、シーゲルは心から後悔の念を示し、当局と協力したことから、禁固刑2か月、保護観察下5年という寛容な刑が下された。

狡猾なレビーン

悪事を働いていながら、平然としている様を、「盗人猛々《ぬすっとたけだけ》しい」と表現するが、その好例は、デニス・レビーンではないかと思う。彼は犯行を内密に続け、当初はボウスキーを利用することはなかったが、最後には彼と共謀したため、ボウスキーの悪事を暴く端緒となった。

レビーンは、ニューヨーク市クイーンズ区ベイサイドで育ち、父は壁板を商売にしていたが、裕福でなかった。1976年にニューヨーク市立大学バルーク校を卒業後、スミス・バーニー社などを経て、1987年ドレクセル・バーナム・ランバート（以下、ドレクセルと略）に転社した。ここで頭角を現し、中でも1980年代、億万長者のサー・ジェームズ・ゴールドスミス氏が、大手製紙会社、クラウン・ゼラーバック社を、さらにロン・パレルマン氏が、化粧品メーカー、レブロン社を乗っ取りした際に辣腕を振るった。そして、その手腕を買われて、専務に上り詰めた。

その間、彼はウォール街の多くの企業専門家と、インサイダー取引のネットワークを創り上げていた。お互いに情報を交換し合うことで、内密に私腹を肥やしていたのだ。当初、レビーンは、シーゲルのようにボウスキーとグルにならずに、単独でインサイダー取引を行っている。

彼のやり方は極めて巧妙で、アメリカ国内の証券会社は一切使わず、1980年頃から、遠く離れたバハマのスイス系のリュー銀行を通じて株取引を行った。スイス銀行は守秘義務を厳格に順守するので、発覚の恐れはないと考えたのである。そして実に約1100万ドル（約12億1000万円）も儲けていた。

レビーンが、ボウスキーと実際に関係を持ったのは、1985年にドレクセルに移ってからである。レビーンが、次々と大型M&Aの取引に成功したものだから、ボウスキーは居てもたってもいられなくなって、彼に積極的にアプローチし、レビーンの方も、情報を提供するようになった。

例のハーバード・クラブで、何回か会った後に、互いの取引条件について話し合った。レビーンとは、シーゲルよりも厳しい交渉となった。彼は曖昧な〝ボーナス〟ではなく、正確な分け前を要求するのだ。それは、レビーンが教えた情報で、ボウスキーが儲けた場合、その5%を分け前としてもらい、すでに株式を保有していて、教えた情報が有益だったなら、その利益の1%を取る。もし、彼の情報で損失を出した場合は、その額を儲けから差し引くという内容である。

しかし、この取り決めは、レビーンにとって、決して有利なものではなかった。というのは、レビーンの情報でどれだけ儲けたかは、ボウスキーから彼に知らさなければわからず、正直に報告されるかが疑わしいからだ。

疑念を持ったレビーンは、ボウスキーから、前金として100万ドル（約1億1000万円）を提供するとの提案を断っている。彼はユダヤ人の諺、「すぐ手に入る1セントは、将来の1ドルに匹敵する」を忘れていたようだ。それを打ち明けた親友から、

「受け取らないとは、お前らしくないね」

と、急所を突かれて、

「オレはボウスキーに所有されるよりも、彼を所有したいんだ」

と、負け惜しみを言った。

巧妙な手口

レビーンは極めて用心深かかった。バハマで銀行を利用するのにも、まず自分の目で確かめなければならない。1980年に、祝日を利用してバハマに飛び、数行を訪問した後に、老舗だが同地では新規のスイスのリュー銀行を選んだ。

そこで同行と、コミュニケーションは、彼が同行に電話をする場合、すべてコレクト・コール（料金受信者払い）にすること、名義は「ミスター・ダイヤモンド」の偽名を使い、取引明細書すべては、銀行が保管することを取り決め、合意した。

リュー銀行を通じて取得した金額は、1984年だけでも130万ドル（約1億4000万円）に上り、現金を受け取るため、その都度、わざわざバハマに赴いた。この後も、大型M&Aの内部情報を得るごとに同行に連絡し、巨利を築いていった。SEC（証券取引委員会）の手入れが入った1986年には、28件もの巨額取引を行っていたほどである。

ところで、リュー銀行の幹部は、レビーンの取引が、あまりにも的確に儲かるものだから、自分たちも、それに相乗りして大きな利益を上げるようになった。このことを、業界用語で〝ピギーバック（おんぶ）〟と呼んでいる。そこで銀行の幹部は、犯行を隠ぺいするために、レビーンの取引を数社のブローカーに小分けするようになる。その中に大手証券会社、メリル・リンチ社があった。人間の欲望は際限がないものと見えて、メリル・リンチ社の社員も便乗して、〝おんぶ〟し始めたのである。

しかし英語の格言で、「Crime doesn't pay.（犯罪は結局捕まるから儲からない）」というように、犯罪は何らかの手がかりから、必ず発覚するものである。

レビーンの犯罪を発覚させ、逮捕を速めた張本人は、連邦検事のルドルフ・ジュリアーニである。彼はブルックリン生まれで、両親はイタリア系移民の2世だ。一時は、カトリックの神父を志したほど正義感が強く、生来の勧善懲悪の精神で、多くの犯罪者を追い込んでいた。

1981年に37歳の若さで、司法省ナンバー3の司法次官に抜擢され、1983年に彼のたっての願いで、ニューヨーク南部管轄の連邦検事に転じた。この職に変わると、年俸は50％ダウンの7万7500ドル（約850万円）だが、それでもあえて選んだのは、野心家の彼が訴訟事例を扱って名を立て、これを足掛かりにニューヨーク市長の座を狙っていたからである。

ジュリアーニが、ニューヨークの連邦検事の座に就いてまず手掛けたのが、インサイダー取引が蔓延している証券業界の汚職摘発である。レビーンを手始めに、後にボウスキーやマイケル・ミルケンも摘発している。摘発されたこの3人は、〝ジュリアーニの3人男〟と称されるほど有名になった。その手柄によって、ジュリアーニの知名度は上がり、その後市長選に出馬し、一度は敗れたものの、1993年に念願のニューヨーク市長に当選している。

レビーンの悪事は、思わぬ糸口から発覚する。1985年5月、メリル・リンチ社法務部のリチャード・ドリューは、受け取った一通の手紙の内容に驚いた。同社のカラカス支店の店員2人からのもので、拙い手書きで、「弊店の2人の重役が、インサイダー情報に基づいて不正取引を行っています」という内部告発が記されていた。

そこでドリューが、内部調査を始めた結果、バハマのリュー銀行に辿りついた。だが、リュー銀行は守秘義務を盾に、頑として取引の内容を教えてくれない。やむなく、SECに通報したものの、それでも同行は調査に応じないばかりか、関連書類を破棄する。ところが、バハマの検察当局が、リュー銀行は銀行業務に専念するのが本業であり、証券取引については、守秘義務を順守しなくても、同国の法律に違反しないと明言した。これで安心した同行は、1986年5月、取引の主犯がレビーンであることを、ついに明かした。

間もなくレビーンは逮捕され、同年6月5日に証券詐欺罪と脱税、偽証のかどで起訴され、有罪を認めた。その結果、1150万ドル（約12億7000万円）を返済し、証券業から永久追放されることに同意する。

さらに彼は検察と協力して、共犯を明かし、ボウスキーとシーゲルの名を挙げたので、ほどなく逮捕されるに至った。レビーンがウォール街に広く蔓延したスキャンダルを暴く糸口を作ったのである。

1987年2月に行われた連邦裁判では、レビーンは、すでにSECに対し1150万ドルの返済を命じられていたので、36万2000ドル（約4000万円）の罰金を追加され、他の共犯を白状して、検査官と協力したため、禁固2年の軽い刑ですんだ。

しかし、レビーンの白状によって、ボウスキーの犯罪が暴かれ、1986年9月、ボウスキーは検察から召喚令状を受け、司法省に対し有罪を認めた。さらに同年11月には、SECに対し、1億ドル（約110億円）を支払うことに同意する。これは、アメリカ検察史上記録的な金額であった。

さらに1987年12月に行われた裁判では、株式取引記録を改ざんしたかどで、禁固刑3年の判決が下された。当初、最大5年の禁固刑と25万ドル（約2800万円）の罰金を受けるものと思われたが、比較的軽い刑ですんだのは、彼が司法取引を行って、シーゲルを始め14人の共犯者を進んで名指しただけでなく、確証を得るため、隠しマイクで、彼らとの会話を記録して協力したからだ。

一部から、彼が犯した犯罪が極めて悪質で、広範囲にわたっていたので、刑が軽すぎるとの強い批判が出た。だがジュリアーニは、それに対し、この判決は、「知能犯罪を抑止し、重罪を暴く上で、人々に協力させる意義がある」と弁明している。

レビーンやボウスキー、シーゲルの逮捕により、一件落着するものと思われたこの事件だったが、ボウスキーの白状によって、さらに大きく展開し、予期せぬことに業界の超大物、マイケル・ミルケンに司直の手が及ぶのである。

2 ジャンク・ボンドの帝王ミルケン

ユダヤ人のマイケル・ミルケンは、1946年、カリフォルニア州のエンシノで生まれた。数字にかけては天才的で、並外れた記憶力を持っていた。それは10歳の時から、父親が会計士だった関係から手形を整理したり、納税申告書の作成を手伝っていたからだといわれている。

彼は、後に新会社の設立趣意書や目論見書《もくろみしょ》を読むのを、勤務先の銀行で日課としていたが、山のように積まれたその書類を、ただ1回、目を通すだけで、問題の項目がどの書の何ページにあるかを、鮮明に覚えていたという。そのような非凡な才能を活かしながら、成功を収めたものの、やがて、力と貪欲さに溺れて、自ら墓穴を掘っていくのである。

カリフォルニア大学バークレー校を首席で卒業後、ペンシルベニア大学ウォートン・スクールを経て、1969年に、当時、弱小投資銀行だったドレクセル・ファイアストーン（後にドレクセル・バーナム・ランバートと改名、ドレクセルと略）に入行し、投資銀行家としてのキャリアをスタートする。

彼は猛烈なワーカホリック（仕事中毒）で、出社するため、自宅を毎朝5時半には出てバスに乗った。バスの中がうす暗くて書類が読めないので、坑夫用の小型電灯を頭につけて読んだとの逸話が残されている。睡眠時間も毎日数時間ですませて、入社以来懸命に働いた。

ジャンク・ボンドに着目

アメリカの投資銀行は、一般の商業銀行と違って、基本的に株式や債券を通じて顧客の資金調達などを支援したり、財務戦略に助言するのを本業としている。市場からコストの低い資金を望む企業が発行した社債や株式を引き受けて、市場に広く販売することで手数料を得ている。

ところで、社債の格付けは、当時、長年にわたりムーディーズ社とスタンダード&プーアズ社（S&P）が、ほぼ独占的に行っていた。格付けは、例えば、一流会社AT&T社やIBM社の評価は、S&Pの格付けで最上位のトリプルA（AAA）であり、それを頂点に企業内容が劣るごとに、AA、A、BBBと下がり、最下位のD（デフォルト：債務不履行）まで段階的に落ちていく。

投資家は、その格付けによって、社債の満期時の金利や支払い能力を判断する、有力な手掛かりとするので非常に重要だ。トリプルAを格付けされた企業は、ゼロ・リスクとされ、極めて信用度が高い。特に安全投資を心掛ける年金基金や生命保険、投資信託などの機関投資家は、格付けの高い社債を好んで購入する。

一方、格付けの低い、Ba1（ムーディーズ）、BB+（S&P）以下の社債は、投機的水準とされ、投資家を募るのに、高い金利を約束しなければ買い手は集まらない。このように投機的格付けに格下げされた社債や無格付けの社債は、債務不履行のリスクを伴うので、販売するのが困難であり、かつて投資銀行は扱おうとしなかった。

このような格付けの低い、内容の悪い企業の社債は、〝ジャンク・ボンド〟と呼ばれている。〝ジャンク（junk）〟は「くず」や「がらくた」を意味するように、債務不履行の可能性が高くなるため、引受人や買い手が付きにくく、誰からも見向きはされなかった。

ところが、この本流から外れて軽視された分野に、いち早く目を付けたのが、ミルケンなのである。ジャンク債は、投資金を回収できずに失う可能性が高いものの、この債券の利回りの高さが利点になることに着目する。この考えを最初に打ち出したのは、クリーブランド連邦準備銀行の元総裁、ブラドック・ヒックマンだが、ミルケンは学生時代に、それに関する彼の論文を読んで、非常に感化された。

そこでミルケンは、躊躇するドレクセルの幹部を動かして、ジャンク債の拡売を積極的に推進する。確かに信用度は低いものの、銀行が一般社債よりもはるかに高い利回りを保証することを名目に、大手投資家の説得に奔走した。

ミルケンは、極めて有能なセールスマンなので、富豪のユダヤ人投資家を顧客として取り入れることに成功を収めた。彼らの大半は、過去にウォール街の既存勢力と馴染めなかったり、のけ者にされていたので、ミルケンが、自分たちと取引を始めたことに、大きな恩義を感じるようになった。

さらに投資金が戻らない債務不履行の危惧を払拭するために、ミルケンが考え出したのは、ドレクセルが「高度の信用書」を発行することだ。この信用書は、投資家がジャンク債を購入して、万一損失を出した場合は、ドレクセルがそれを補償するという内容である。これは法的に認められていないものの、一流銀行が発行することから、現金にも等しいものとみなされ、高利回りにも魅せられて、多くの投資家がジャンク債を進んで買うようになった。

西海岸に移転

ミルケンに大きな転機が訪れたのは、1978年に西海岸のロサンゼルスに事務所を移転したことだ。ジャンク債のビジネス基盤がようやく整ったので、一層の発展を期すのが名目だったが、実際の理由は、本社の束縛や政争に巻き込まれずに、自由に活躍したかったからである。

個人的理由もあった。父ががんを患っていたのと、病弱な息子2人の健康のために、西海岸の気候が良いことがあった。それ以外に実利的な意味もある。社員は、ロサンゼルス事務所に5時半に出勤せねばならなかった。これはニューヨークの株式市場が始まる1時間前なので、それに備える上で十分な余裕があり、同所が終わる午後1時（太平洋夏時間、ニューヨークは午後4時）まで取引を行っていた。それ以降は、終業時7時半まで打ち合わせや整理の仕事をするので、1日14時間働かされる勘定になる。ある部下は、「一体どこに、14時間働いた後で、家で夕食を食べる社員の会社があるんだ」と皮肉ったほどだ。

本社での柵《しがらみ》から解放されたミルケンは、予想通り、思いのままに取引を行い、ビジネスを拡大することができた。客が雪だるま式に増え、1997年には、ミルケンは高利回り社債取扱高の実に約25％を掌握するようになった。こうなれば彼の思う壺である。意のままに動かせる世界となった。

当時、ジャンク債の市場には政府の規制がなく、やりたい放題だったことも手伝っている。しかも、彼は並外れた記憶力を持っているので、誰がどれだけ、どんなジャンク債を持っていて、それが何時満期になるかだけでなく、支払った金額までも克明に覚えていた。このような並外れた才能で顧客の心をつかみ、彼らはミルケンからジャンク債を多く買い入れるようになった。その結果、ミルケンは「ジャンク・ボンドの帝王」の異名を取るのである。

それと同時に、ジャンク・ボンドによる大規模な資金調達能力が高く評価されるようになる。これで得た資金を、ＬＢＯ（レバレッジド・バイアウト）に利用する顧客が増え始めた。ＬＢＯとは、特定企業を買収したいとき、乗っ取り屋が、買収先資産を担保にして資金を調達し、乗っ取った後に、買収先の資産を利用して、負債の支払いに充てることだ。

ジャンク債市場が拡大した結果、企業の合併や買収に必要な資金調達が、にわかに容易となり、M&Aが1980年代後半に爆発的に促進された。特に、多額の資金を要するLBOによる買収の際に、ジャンク債の資金が多く利用された。このようにジャンク債がM&Aの興隆に果たした役割は極めて大きい。それとともにミルケンは、ジャンク・ボンドの開拓で得た名声を武器に、ウォール街への影響力を強めていく。

ミルケンがボウスキーと知り合ったのは1983年頃で、ボウスキーの方が積極的にアプローチしたからだ。当初、彼はミルケンを眼中に入れなかったが、次第にミルケンの下働きとして、彼の裏面の取引に関与するようになる。

ボウスキーは、初めの内は、ミルケンから入手した内密の情報で儲けることはなく、ミルケンもあえて儲けようとしなかった。ところが、ミルケンが、オキシデンタル社による石油精製会社、ダイヤモンド・シャムロック社の買収に、ドレクセルが関与すると知ったことから事態が一変した。

ミルケンはボウスキーに対し、ダイヤモンド・シャムロック社の株価が値上がるので、同社の株式を買えるだけ買えと指示する。これは単なる内報でなく、初めてミルケンは、儲けの分け前を半々にせよと要求したのだ。この石油会社のM&Aは実現しなかったものの、その後に実現するインサイダー取引の分け前の配分基準になった。

1985年8月、ケーブル・ニュース・ネットワーク社のテッド・ターナー氏が、映画会社、MGMを買収するので、その資金調達をドレクセルに頼んだ。その情報をもとに、ミルケンはボウスキーにMGMの株式を大量に購入させ、初めて2人は300万ドル（約3億3000万円）も儲けた。

さらに、ドレクセルの取引先のマクサム社がパシフィック木材社を買収する際も、1000万ドル（約1億1000万円）を得た後に、顧客のハリス・グラフィック社が増資するときも、560万ドル（約6億2000万円）を稼いだ。

こうなれば、ミルケンとボウスキーは、犯罪上の完全な共犯である。インサイダー取引は言うに及ばず、株価操縦から脱税などと、連邦証券法に違反する犯罪をすべて網羅していた。2人の内密な取引について、ミルケンがボウスキーを裏切らないのは、裏切れば、ボウスキーが彼の正体をばらすからだ。

ミルケンがエンジンとなり、ボウスキーは彼の手先となって動いた。ミルケンは、グリーンツリー・アクセプタン社やエンサーチ社、それにホスピタル・コーポレーション、ABC、CBSなどと矢継ぎ早に情報をボウスキーに提供し、その取引高は雪だるま式に増えて、2人の儲けは何百万ドルにも上った。ミルケンは、その決められた分け前を、ボウスキーに1セントも残さず全額要求したのである。

ドレクセルとミルケン

ミルケンはドレクセルを舞台に活躍したが、彼と車の両輪のような関係にあったドレクセルについて説明しよう。

ドレクセルは１９３５年に創設された小規模の証券会社として発足した。その後、数々の合併を繰り返し、１９７０年には二流の投資銀行に成長した。１９８６年にウォール街最高の利益、５億４５５０万ドル（約６００億円）を上げ、第5位の投資銀行にのし上がったが、同行を画期的に変貌させた原動力は、他ならぬミルケンである。

ミルケンは、本社から遠く離れたロサンゼルスで、別会社のように、独立して営業活動を行っていたが、本体を守っているＣＥＯのフレッド・ジョセフの存在を忘れることはできない。ジョセフは、ＳＥＣからミルケンのインサイダー取引の調査があったときに彼を擁護し、１９９０年にドレクセルが倒産に追い込まれるまで、その矢面に立って難局に耐えた。

ジョセフはユダヤ人であり、彼の父はボストンでタクシー運転手をしていた。苦学の末、ハーバード大学を卒業後、１９７４年にドレクセルに入社し、１９８５年にＣＥＯに昇進した。

ミルケンが推進したジャンク債は、本来の高利回りに加えて、何十億ドルもの資金を迅速に調達できる供給源となった。その恩恵で、弱小会社が大手企業を乗っ取ることを可能にした。その〝小が大を飲む〟好例は、1989年、コールバーグ・クラビス・ロバーツ（Kohlberg Kravis Roberts 通称、KKR）が、食品・タバコの大手コングロマリット、RJRナビスコ社を、LBOで史上空前の250億ドル（約2兆5000万円）をかけて買収したことである。

KKRは乗っ取りが専門で、LBOのパイオニアだ。この小さな会社が、RJRナビスコ社を乗っ取れたのは、それに要する莫大な資金をドレクセルが調達したからである。それ以外にドレクセルは、同じ手法で、スティーブ・ウィンが、ラスベガスのカジノ、ミラージュやアトランティック・シティのゴールデン・ナゲットを開設する上でも資金援助している。

このようにミルケンのジャンク債によって、多くの乗っ取りが実現し、1980年代に〝狂気の80年代〟と呼ばれるほどの、M&Aブームをもたらした。ミルケンは非凡な記憶力を武器に、ジャンク債市場の動きを適格に把握していたので、彼が推奨する債券は、投資家に無条件に買われるというほどの人気を博し、まさに〝ジャンク債市場の帝王〟として君臨したのだ。全盛期の年収は、会社からの給料とボーナスだけでも5億ドル（約55

0億円）超の莫大な富を築いた。

ところが、「驕《おご》る平家は久しからず」である。この繁栄の陰に隠されていたスキャンダルが、徐々に暴かれるようになった。まず、ドレクセルとミルケンを震撼させたのが、1988年5月12日、リーマン・ブラザーズからドレクセルに、1年前に専務取締役として迎えられたばかりのデニス・レビーンが、インサイダー取引で告発されたことだ。

これを皮切りに、ドミノ倒しのように、レビーンは共犯としてボウスキーを名指し、ボウスキーはマーティン・シーゲルの名を挙げると、やがて捜査がミルケンに及ぶのである。

検察官のジュリアーニは、インサイダー取引を暴くのと同時に、ニューヨーク・マフィアも積極的に摘発していたが、その違いを次のように語っている。

「ホワイト・カラーとギャングには、明確な違いがある。ホワイト・カラーはマフィアと違って、拘置されることを極度に嫌い、家族や同僚、友人に気兼ねをする。その弱みを突いて、検察と協力しなければ、どんな結果を招くかを話すと、簡単に口を割る」

ホワイト・カラーの犯人は、逮捕を機に、むしろ何が起こったか、そのすべてを明かしたがっているそうだ。

事実、レビーンをはじめとして、シーゲルやボウスキーも、次々と司法取引で減刑を狙い、簡単に口を割って共犯者を名指した。

1988年12月、彼らの白状をもとに、ジュリアーニは追及の手をさらに強めた。ボウスキーの逮捕を機に、ドレクセルに対して、違法取引の全貌を明かすよう激しく迫ったが、CEOのジョセフは頑として応じなかった。あまりにも抵抗するものだから、ジュリアーニは、RICO法（Racketeer Influenced and Corrupt Organizations Act）を適用すると脅した。これは、元来、資産逃避の防止のために、組織暴力団対策として成立した厳しい法律である。これが適用されると、資産が凍結された上、履行保証金として10億ドル（約1100億円）を供出しなければならず、会社運営ができなくなる。

ジョセフが恐れをなした矢先、運悪く、ミルケンが設立したマックファーソン・パートナーズ社の不正が暴かれた。同社が、ストアー・ブロードカスティング社の新株引受権を取引先に売り、その客がマックファーソン社に売り戻していた。ところが、マックファーソン社の共同出資者にミルケンの子供だけでなく、配下の基金運用部長までもが入っていたのだ。これは禁じられた自己取引に該当し、賄賂にも相当する行為である。

それを知ったジョセフを始め経営陣は、ミルケンの潔白を信じていただけに驚き、ジュリアーニに実情を報告せねばならなくなった。これを契機に抵抗の壁は瓦解し、ジョセフは全面降伏をする。その結果、ジュリアーニが求めたミルケンの解雇の条件を飲み、6つの重罪を認めて、当時としては、空前の6億5000万ドル（約715億円）の罰金を支払うことに同意したのだ。

なお、それ以前の1987年10月19日は、ブラック・マンデーと称され、ニューヨーク株式市場が508ポイントも大暴落している。これがアジアの各市場に連鎖し、ヨーロッパの各市場へも波及して、世界同時株安となった。1929年の大恐慌のようなパニックが起こらなかったのは、心理的な要素による下落だったからだ。

当時、まだドレクセルに在籍していたミルケンは、この大暴落にもかかわらず、ジャンク債は影響を受けないと懸命に説いて回り、むしろ買い増しを勧めた。だが、大半の投資家は、一般の株式で大きな損失を被っているので、ジャンク債を手仕舞《てじま》いして、国債や金投資に振り替えていた。

その後、1989年に旗振り役であったミルケンが解雇されるや、ドレクセルは多くの顧客を失い、それに伴ってジャンク・ボンド市場は崩壊した。1990年には、高利回り高リスクのジャンク債の債務不履行率が、4%から10%に急増した。

この影響を受けて、1989年にドレクセルは、有史以来、初めてとなる4000万ドル（約44億円）の巨額損失を出した。1990年まで、何とか持ちこたえたが、ミルケンのスキャンダルも手伝って、ついに同年2月13日、連邦倒産法第11章に基づく倒産処理手続を申請し、輝かしい55年の歴史の幕を閉じたのである。

その後のミルケン

ミルケンが裁判にかけられた1989年は、ブームで湧いた1980年代と一変して、世間のムードは、彼にとって不利となっていた。ボウスキーが「貪欲は健康だ」と言ったのが大きく非難される中で、ミルケンが企業の所有者であればいざ知らず、一介の使用人であったにもかかわらず、5億5000万ドル（約600億円）ものボーナスがドレクセルから支給されたことに非難が集中した。

ミルケンは、1989年3月に行われた連邦大陪審の裁判で、98の組織犯罪と詐欺罪で起訴され、1990年に証券詐欺罪で有罪を認めたものの、キンバ・ウッド裁判官は、彼に禁固10年という極めて厳しい判決を言い渡した。10年の刑は、さすがに彼が予想していなかっただけに、判決後、弁護士に聞き直したほどだ。最も悲しんだのは、妻のローリであり、判決後、彼女の泣き声は、裁判所の廊下に響き渡ったという。

しかし、1992年8月になって、ウッド裁判官は、ミルケンが検察と進んで協力し、多くの違反者の摘発につながったことを理由に、刑を40か月に減じた。すでに17か月服役していたので、残り23か月で出獄できることになった。これに対し、彼を最初に起訴に追い込んだジュリアーニは「判決は妥当だ」と擁護したものの、SECは「ミルケンが事件究明に貢献したのはわずかにすぎない」と異論を唱えている。

ミルケンは、減刑と同時に証券業界から追放され、和解金として5億ドル（約550億円）の支払いを命じられた。なお、彼はすでにSECに対し4億ドル（約440億円）と、財務省に税金として2億ドル（約220億円）を支払っている。

ところが、世間を驚かせたのは、ミルケンの1億2500万ドル（約137億5000万円）の個人財産と、彼の妻子と実弟が保有する3〜4億ドル（約330億〜440億円）の資産、計約5億ドル（約550億円）の所有が許されたことだ。ミルケンが、あれほどの重罪を犯しながらも、大金の保有を許されたことに、ごうごうたる非難の声が上がった。著名なエコノミスト、ヘンリー・カウフマンは、「一体、正義はどこへ行ったんだ」と嘆いたほどだ。

ミルケンは、1993年に早期出獄後、多額の資産を保持していることを気兼ねしてか、慈善活動に専念し始めた。自分も患っていることもあり、私財を投じて、前立腺がん研究のための「前立腺がん財団」を立ち上げた。そこでMLB（メジャー・リーグ・ベースボール）とタイアップして、「ホームラン・チャレンジ」というプログラムを作成し、前立腺がんの研究のための寄付金を募っている。これは、各シーズンの「父の日（6月の第3日曜日）」前の1週間に出る、1ホームラン当たりに、50セント〜1000ドル（約55円〜

11万円）の寄付をファンから募るものだ。2014年には148本のホームランが打たれたので、約190万ドル（約2億円）の寄付金が、前立腺がん研究のために集まったという。ミルケンは「父の日」が近づくと、毎シーズン、多くの球場を訪れるのを決まりとしている。

ミルケンが残したもの

ミルケンの業界からの追放とドレクセルの倒産によって、繁栄を極めたジャンク債は、ミルケンが築き上げた一種のネズミ講ではないか、と非難された。だが、それは果たして一過性のブームだったのだろうか。

確かにドレクセルが倒産した1990年頃は、ジャンク債は大きく落ち込んだものの、JPモルガン社が発表したところによれば、ジャンク債の発行数は、どん底の2000年の年間約400億ドルから回復し、2005年は約1000億ドル、2010年には、実に約2000億ドルにまで急伸し、その後も衰えを見せていないという。なぜなら、世界的に国債の利回りや預金金利が非常に低いので、高利回りのジャンク債が見直されているからである。

中でも資金的に困窮していた中小企業が、ジャンク債の大きな恩恵に浴している。例えばアパレルや小売業、それにヘルスケア、セミコンダクター・メーカーなどの企業が、数多く助けられているのだ。

ジャンク債の債務不履行率が、減少していることも追い風になった。調査会社、クレジット・サイト社によれば、ジャンク債の債務不履行率は、かつて平均10％だったのが、2009年〜2010年の14か月間、8％と安定している。

この成長ぶりを見ると、かつて蔑視されたジャンク債は、今や社債市場の主流になっているといえよう。ミルケンは、かつて「家内工業」程度だった高利回り高リスクの債権を、金融界の揺るぎない基盤へと変容させた。業界から追放されたとはいえ、その草分けとして、果たした彼の功績は偉大なのである。

3 後を絶たぬインサイダー取引

アメリカは、日本よりもインサイダー取引に対する取り締まりが、法的にはるかに厳しい。インサイダー取引は、他人の無形財産を盗んだとされて、窃盗罪に相当するとし、違反者が投獄されるほどの厳刑に処される。

その例がマイケル・ミルケンであり、彼が厳罰を受けたことが、世間一般に周知徹底されるに及んで、インサイダー取引が根絶されるかと思いきや、そうではなかった。これを示す典型的な事件が、2000年初めに起きたのである。しかもその犯行が、3700万ドル（約41億円）と多額であったにもかかわらず、アメリカ金融史上最長の17年間もばれずに行われていたのである。

それは、弁護士のマシュー・クルーガーを主犯にして、他に株式取扱業者のガーネット・バウアと、住宅ローン・ブローカーのケン・ロビンソンの3人が、タッグを組んだインサイダー取引である。

主犯のクルーガーはニューヨークに生まれ、父親のリチャード・クルーガーはユダヤ人の著名な歴史学者であり、卓越した新聞報道に与えられるピューリッツァー賞を受賞している。そのような名門で生まれた彼は、コーネル大学を卒業後、自動車販売に従事し、一時は不動産業も手掛けたが、心機一転して、ニューヨーク大学法学部を優秀な成績で終《お》えて、弁護士の資格を取得している。卒業後、M&Aを専門とする大手法律事務所に勤務する。

1991年に、不動産を取引している際に知り合ったのが、ケン・ロビンソンであり、親交を深めるようになる。久しぶりに会ったロビンソンが、クルーガーが扱っている上場企業の仕事に非常な興味を抱いて言った。

「君は、世間一般の誰もが知らない仕事を扱っているから、その貴重な情報で金儲けできるよ」

クルーガーは、

「そんなことをしたら危険すぎる。監獄行きだ」

と、その時は誘惑には乗らなかった。

ロビンソンが、ニューヨークのベンチャー投資会社、ワイス・ペック・グリアー社に勤めていた頃に知り合ったのが、同僚のガーネット・バウアである。2人はすっかり仲良くなり、夏の休暇は一緒に避暑地に家を借りて過ごすようになり、ロビンソンの結婚後も、家族の一員のように扱われていた。

バウアも、ニューヨーク生まれのユダヤ人であり、クラーク大学卒業後、株式取引のエキスパートとして、マンハッタンの小さなアパートで、デイトレード（日計《ひばか》り取引）を単独で行うようになった。日計り取引とは、株式などの取引で、1日のうちに売買と決済を終了させることだ。

ロビンソンは、クルーガーをバウアに引き合わせ、バウアが多数の株式取引をしているので、インサイダー取引をしてもＳＥＣ（証券取引委員会）に疑惑を抱かれないと、躊躇するクルーガーを説得した。その結果、クルーガーが提供した内部情報をロビンソンが仲介し、バウアが株式取引の胴元となり、儲けは3等分することで合意した。バウアは、胴元になって会計管理を一括して行い、取引に伴う資金を自己調達した上で税金を支払い、儲けは現金で支払うことを約する。

クルーガーの最初の情報は、製薬会社、ジョンソン＆ジョンソン（Ｊ＆Ｊ）社が、化粧品メーカー、ニュートロジーナ社を買収することで、各人８０００ドル（約90万円）を儲けた。それを皮切りに、Ｊ＆Ｊ社が医療器具専門のマイテック社を買収すると、各々１万６０００ドル（約１８０万円）を得た後に、ＩＢＭ社がロータス社を買収したときは、21万３０００ドル（約２４００万円）を山分けしている。

これで図に乗った彼らは、「企業の役員だって、同じ手口で懐を肥やしているよ」を合言葉に、インサイダー取引を平然と続けた。１９９５年11月、Ｊ＆Ｊ社が、医薬品会社コーディス社を乗っ取った際や、１９９７年にネーション銀行がバーネット銀行を買収したときも、多額の利益を得ている。

１９９４年～２０１１年間に、同じ手口で30回も取引を行ったのだ。最も儲かったのは、オラクル社がサン・マイクロシステムズ社を買収したときだ。クルーガーの内報に基づいて、バウアはサン・マイクロシステムズ社の株式を450万株も購入し、2009年4月に買収が成立すると素早く売り抜いて、1140万ドル（約12億5000万円）の不当利益を上げている。

17年間も発覚しない

この事件が17年間の長期にわたり発覚しなかったことは、実に驚異的である。その原因の一つ目は、3人は親友だったので互いの信頼関係が厚い上に、情報・仲介・取引と各々の役割を明確に分担していたことだ。

二つ目に、主犯のクルーガーが、所属する法律事務所を転々と変えていたことがある。同じ職場に長くとどまれば、何らかの手違いから、不正が発覚するリスクを伴う。そこで1994年以来、犯罪が行われた間に事務所を6所も転所し、それぞれに痕跡を残さないようにしていた。

三つ目は、クルーガーは自分が担当しているM&Aの仕事を一切、情報源にせずに、同僚が担当している事例をもとにしていたことである。コンピュータを使えば証拠が残るので、利用しなかった代わりに、情報源の約9割は、事務所に勤めている同僚たちの会話であった。彼らは思いのほかお喋りで、自分の仕事を自慢気に話すことが多かった。クルーガーは、それを耳にしては、後から書類で確かめて、内部情報にしていた。

四つ目に、用心に用心を重ねていたことだ。お互いの連絡は、公衆電話を使ったり、前払いの携帯電話も、使用後すぐさま廃棄した。あるいは、驚くことにクルーガーは、ロビンソンからもらった現金に、残された指紋を消すために、分け前の17万5000ドル（約2000万円）を洗濯機にかけたほどだ。

2007年に、一時、SECがクルーガーの取引に不信を抱いて、調査したことがあったものの、確証が上がらなかったので事なきを得ていた。ところが、これでSECは調査を終了したわけでなく、内偵を続けていた。その後、SECが高性能のコンピュータを設置して、最新のソフトウエアーを導入したので、データベースによって、約40億の取引を15年前までに遡って検索できるようになった。

2010年8月に、インテル社が情報・通信業のマカフィー社を買収することで、3人は50万ドル（約5500万円）の利益を上げたが、SECはその取引をコンピュータで把握し、バウアとロビンソンが同一株式を同時に取引している相関関係を見出した。

ところが、2人の情報源と思われたクルーガーとの接点が、どうしても見つからない。その足がついたのは、約半年後の2011年1月である。デジタル技術企業のゾラン社が、半導体設計会社CSR社を合併することを、クルーガーがロビンソンに、ひいてはバウアに伝えたところ、2人そろってこの株式を大量に取引したのだ。そこで、SECは同一の出所から情報を得ているとの確信を得て、この買収事業を手掛けた法律事務所、ウイルソン・ソンシーニのクルーガーが、情報源であることを突き止めた。

2011年3月、確証をつかんだSECは、FBIとともに、関連を熟知している要のロビンソンに焦点を当てて、彼を詰問した結果、全面的に白状する。その上、ロビンソンは刑を免れるために、司法取引を行い、バウアとクルーガーとの会話を一部始終、録音することに同意した。それにはバウアが犯行を認め、証拠隠滅をしたことが記録されていた。

このことを、後から聞かされたバウアは、

「20年来の親友が、まさか当局と協力して裏切るとは考えもしなかった。ぼくは、もちろん悪いことをしたが、彼が録音まですることはね……」

と絶句した。

2011年4月にはクルーガーとバウアは、それぞれ自宅で手錠をかけられて逮捕された。その後、2人は有罪を認め、クルーガーは2012年6月4日に、禁固12年の刑を受けた。ところで、事件の全貌が明らかになるにつれ、判明したことは、クルーガーが情報源となり首謀者と思われたが、実際はインサイダー取引で大儲けしていたのは、バウアなのである。彼は、儲けの9割超にも上る3200万ドル（約35億2000万円）を独り占めにし、クルーガーは100万ドル（約1億1000万円）しかもらっていなかったのだ。

クルーガーは、そのことについて触れ、

「泥棒には節操がないことはわかるが、悪事を犯したとはいえ、約束は守ると思ったけれどね」

とぼやいている。

この大きな分け前に預からなかったことを盾に、クルーガーは、裁判長キャサリン・ヘイデンに対し、

「自分は主犯でない。バウアとロビンソンの情報源として、うまく利用されたに過ぎない」

と言い張ったが、聞き入れられず、禁固12年の厳刑が下された。これはインサイダー取引事件としては、アメリカ金融史上最長の刑である。

その際、裁判長は、クルーガーが弁護士資格を取得した際に、業務に誠心誠意に仕えることを誓約しているので、犯行は重大だと断じて、付け足した。

「多くの一般投資家が株式市場を避けているのは、インサイダー取引が横行して、公平性を欠くと考えているからだ。この事件は、彼らの考え方が正しいことを示している」

なお、2012年6月、クルーガーと一緒に裁判にかけられたバウアは、有罪を認め、

禁固9年の刑を受けた。その上、異なる銀行の取引口座に預けていた全額2000万ドル（約22億円）超を根こそぎ没収され、ニューヨークの時価700万ドル（約7億7000万円）の高級マンションも差し押さえられた。

片やロビンソンは、検察側と全面的に協力したので、3人の内で最も軽い禁固27か月と3年監視付き釈放の刑ですんでいる。

第3章◉ポンジ・スキームの詐欺師たち

1 ポンジ・スキームとは

英語に「Rob Peter to Pay Paul」という言葉がある。直訳すれば、「ポールに支払うために、ピーターから盗む」だが、「借金返済のために、別のところからお金を盗む」を意味する。もともとは、16世紀に聖ピーター（Peter）寺院の所有地を切り売りして、ロンドンの聖ポール（Paul）寺院の補修費に当てたことに由来する。

これがポンジ・スキーム（Ponzi scheme）と呼ばれる詐欺の原型と言われている。ポンジ・スキームは詐欺の一種で、出資させた資金を運用し、その利益を出資者に利息や配当金として還元すると謳いながら、実際は資金運用を行わない。そして後から参加した出資者から集めた出資金を、運用せずに、既存の出資者の配当に充てるのである。あたかも資金運用が実際に行われて、利益が生まれた結果、配当されるかのように装う。ポンジ・スキームは、わが国では、投資を運用せず自転車操業的に配当に回す点が似ていることから、「ネズミ講」とも訳されている。

その手口は、新規の客を勧誘するために、他社への投資よりも高い、あるいは一定した利益を約束する。ポンジ・スキームは、見せかけの、合法的ビジネスとして客を募る。高収益を維持するには、新規投資家を募り続け、金の流れを絶えさせてはならず、絶えると行き詰まって破綻を来す。従って、出資者から得た資金を配当に回し、資金が枯渇しないように、絶えず新規顧客から補完しなければならない。つまり、赤字を承知の上で、営業を続ける「自転車操業」なのである。なお、スキーム（scheme）とは、「たくらみ、計画」のことだ。

ポンジ・スキームの名称は、アメリカの1920年代の稀代の詐欺師、チャールズ・ポンジ（Charles Ponzi）の名に由来する。ポンジは、1903年、21歳の時にイタリアからアメリカに渡り移民となったが、その際、僅か2・51ドルしか持っていなかったという。後に、レストランで皿洗いをして、そこの床で寝るといった苦労を重ねながら、ようやく銀行の出納係の職にありついた。

その間、国際返信切手券による切手の交換レートと、実際の外貨交換レートの差で、利ザヤを得られることに着目した。これをもとに1919年から、45日間で50%、90日間で100%の利回りが得られるとの触れ込みで、出資者を募り始めた。当時の普通預金口座の金利は、年5%に過ぎなかったので、これが出資者にとって大きな魅力となった。

彼は拡売のため、ボストンの目抜き通りに店を開き、代理人を多く雇って高額の手数料を与えて客を広く募った。その結果、数千人から数百万ドルもの大金を集めることができた。投資家の中には、儲け話に乗って、自宅を抵当に入れて借金したり、老後の蓄えを切り崩すなど無理をしてまで出資した人さえいた。

しかしポンジは、資金を国際返信切手券の購入に充てずに、自転車操業で出資者への配当に充てていたので、結局、行き詰まって破綻し、多くの出資者に多大の損害を与えた。その総額は1920年に、2000万ドル（時価換算、約3億ドル＝約330億円）の巨額に上り、その余波を受けて、銀行6行が倒産を余儀なくされた。1920年、ポンジは、詐欺罪のかどで起訴され、禁固5年の刑を受けて、刑務所に収容される。

ポンジは、出所後も数度の詐欺を重ねた結果、再び禁固7～9年の刑で投獄され、遂《つい》にはアメリカに長年居住していたとはいえ、市民権を取得していなかったため、1934年に母国イタリアに国外追放された。

第二次世界大戦が勃発すると、ブラジルに渡ってイタリア国営航空会社、アラ・リットリアの代理人になったが、ブラジルが連合国に加担するに及んで、アラ・リットリアは閉鎖されて失職した。1941年に心臓発作を起こした後に、視力障害に苦しみ、1949年、リオデジャネイロの慈善病院で寂しく没した。死亡前、新聞記者に、

「このスキームで、誰もが儲からなかった割合にしては、値打ちが十分にあったと思うよ。

清教徒がアメリカに上陸して以来の最高のショーだ。１５００万ドル（時価換算、約２５０億円）かかっただけの値打ちが十分にあっただろう」

と、何らの後悔の念もなく語っている。ポンジが残したのは、その大規模なショーでなく、彼の名を冠して、後世まで続くほど有名になったスキームなのである。

2　ホフェンバーグ詐欺事件

『ニューヨーク・ポスト』紙といえば、主としてニューヨーク市と近郊で購読される日刊紙であり、全米7番目の大きな発行部数を誇っている。その社主であるスティーブン・ホフェンバーグが、１９９５年に犯した大型詐欺事件である。

ユダヤ人のホフェンバーグは、社主である傍ら、タワーズ・ファイナンシャルという金融会社を運営していた。オーナーの地位を巧みに利用しながら、債権取り立てやヘルスケア向け金融を行っていた。例えば、プレス用許可証を常時ネクタイにつけて、方々を意のままに出入りし、経営する『ニューヨーク・ポスト』紙に、自分に都合のいい記事を書かせていた。

ところが、彼が金融会社を通じて債券を販売して、資金を集めた手口はポンジ・スキームそのものである。販売で後から得た代金の一部を、以前に購入した投資家への利子支払いに充てていた。1988年～1993年にわたって、数千人から資金を募り、その総額は実に4億6000万ドル（約500億円）の巨額に上った。不当に得た金の大部分を着服し、私用や会社の運営資金に回していた。彼の金融会社は、大半が水増しの売り上げと架空利益ででっち上げられ、〝ポチョムキン村（経済用語で「虚構の金融帝国」）〟を築いていたのである。

しかし、1993年2月、ついにその詐欺がSEC（証券取引委員会）の知れるところとなり、4億6000万ドルに上る不正債券を、多数の客に販売した詐欺罪と脱税のかどで起訴された。それに対し、ホフェンバーグは、検察側と犯した犯罪の調査に協力することを条件に、罪状を認めた。というのも、通常なら、25年の禁固刑を受けるところを、司法取引すれば7～10年で済むからだ。なお、タワーズ・ファイナンシャル社は、彼が起訴されるとともに、同年3月に倒産している。

ところがホフェンバーグは、なかなかの食わせ者で、検察側と協力したのも口先だけで、同意した契約に違反することが多かったので、1994年2月、検察側は、彼が同意した条件を撤回して検挙する。

1997年3月、彼は裁判にかけられた際に、囚人服を着て出廷し、驚いたことに、弁護士や会計士、管財人に至るまで多くの人を激しく非難したのだ。さらに、債券法違反に責任を問われるようなことはないと、したたかに強弁を張り、「連邦証券法について、何も知りません」と、しらばくれるに及んで、裁判官の強い反感を買った。その反省の色もない横柄な態度に、ロバート・スウィート裁判官は、詐欺の被害者から受け取った、多くの非難の手紙を読み上げた。

それには、シングル・マザーが子供の教育のために蓄えた貯金をすべて失ったり、ある女性は、夫の看護施設への費用のために、再び働かざるを得なかったなどと、夢や希望を断たれ、老後の蓄えを失った悲惨な多くの実例が託されていた。

裁判官は、その後、ホフェンバーグに対し、20年の禁固刑と4億6260万ドル（約510億円）の返還に加えて、罰金100万ドル（約1億1000万円）を科す、厳しい判決を言い渡した。それ以前に、SECから6000万ドル（約66億円）の支払いを命ぜられているが、いずれの金額も、彼には返還する余力がなく、馬鹿を見たのは、彼の金融会社に投資した数千人の被害者である。

このホフェンバーグの詐欺事件は、史上最大のポンジ・スキームとされていたが、この後、さらに未曾有の大事件が起こるのである。

3　史上空前のメイドフ事件

21世紀に入ると、ホフェンバーグのお株を奪う空前絶後の大事件が発生する。今までの規模と関係者を、はるかに上回るポンジ・スキームが、2008年、アメリカ全土に大きな衝撃を与えた。それは、バーナード（通称、バーニー）・メイドフによる巨額金融詐欺事件である。

その詐欺事件の被害総額は、史上空前の170億ドル（約1兆9000億円）に上り、アメリカ犯罪史上、個人による最大の投資詐欺事件となった。これには世界中の大手金融機関や投資会社だけでなく、多くのセレブたちまでもが騙されている。この中には、球団ニューヨーク・メッツのオーナー、フレッド・ウィルポンや映画監督のスティーヴン・スピルバーグ、名司会者ラリー・キングなど、ハリウッドの多くの有名人が含まれていた。彼らの特徴は、いずれもユダヤ人であることだ。

彼ら以外に、年金積立金が消えてしまった一般投資家も少なくなかった。しかも、その被害が国際的な広がりを示している。シンガポールの保険会社や韓国の教員年基金の他、日本では、金融機関や生命保険会社も、数百億円単位で被害を被った。

ユダヤ人のバーナード・メイドフは、証券取引所NASDAQ（ナスダック）の会長まで勤めた超大物である。同氏が経営するバーナード・L・メイドフ債券投資会社（BLMIS と略）は、彼の肩書きを利用して、投資ファンドで高利益を上げていると宣伝して、多額の資金を集めていた。

しかし実際は、集めた資金を運用して利益を上げるのではなく、新規顧客の配当や解約金に当てる、いわゆるポンジ・スキームだった。高い利回りを装って投資家を広く募り、長らく彼らから金を騙し取っていたのである。

この詐欺事件の最大の特徴は、その被害額が厖大《ぼうだい》であるだけでなく、被害にあった大半の個人投資家が、同じ仲間のユダヤ人であることだ。というのも、メイドフがナスダックの元会長であり、ユダヤ人社会では大口慈善家としても著名だったからである。アメリカ有数のユダヤ系大学として知られる、イェシーバー大学の理事に名を連ねていただけでなく、数々のユダヤ慈善団体に多額の寄付を行っていたので、彼を心から信用していたユダヤ人が多かった。

ユダヤ人に強い衝撃を与えたのは、メイドフを自分の身内だと思って、信用した人たちが騙されたことである。ユダヤ人同士の結束は、伝統的に非常に固く、ユダヤ人から金を借りたなら、他のユダヤ人が連帯して保証したことになる、とされているほど仲間意識が強い。

この詐欺事件により、彼の寄付で運営していた、多くのユダヤ系慈善団体が行き詰まった。同じ仲間を騙したことで、メイドフはユダヤ人社会から激しい怒りと顰蹙《ひんしゅく》を買った。ある被害者は、裁判所で証言台に立ち、裁判官に対して、「人から金を盗んだ窃盗罪だけでなく、人々の信頼を〝殺した〟ので、殺人罪にも問うべきだ」と、怒り心頭のあまり、厳しく訴えたほどだ。

メイドフの手口は、極めて巧妙である。彼の投資会社、BLMISに新規投資家が申し込むと、決してすぐに受け付けず、加入の余裕があっても、一度は募集限定数に余裕がないと断って、いかにも申し込みが集中しているかのように装って、希少価値を高めていた。投資家は、同社への投資が許されるや、特典が得られたかのように喜んだくらいである。

また、彼の考えが天才的だったのは、通常のポンジのやり方のように、短期的に高配当を打ち出さずに、相場よりもやや高目の、年10〜12%の配当を長期的に、しかもコンスタントに支払うと約束したことだ。株式市場が乱高下しているにもかかわらず、この安定した利回りに、投資家は大きな魅力を感じて、引き付けられた。

さらに、多数の投資家を募るのに、下請けとして、〝フィーダー〟(供給者)を巧みに利用したことだ。それには、5人のユダヤ人の大物が関与している。何れもメイドフのポンジ・スキームの実態を知っておらず、多くの客を勧誘しては金を振り込ませ、彼らから取り扱い口銭を取っただけでなく、自らもBLMISに多く投資して儲けていた。

　フィーダーを増やす糸口をつくったのが、スタンリー・チャイスである。彼はニット製品から財を成した大金持ちである。1970年にブライトン社を設立して投資家を募り、その金をBLMISに回していた。当初はわずかな客しかいなかったが、チャイスの手腕により、1990年には取引先が雪だるま式に増え、メイドフの主要な資金の供給源となった。集めた資金をメイドフに回すごとに3・8%の高額手数料を取って2億7000万ドル（約300億円）を儲けた。驚くことに、チャイスは、メイドフをウォーレン・バフェットやジョージ・ソロスに匹敵する投資の天才と崇め、これがポンジ・スキームであるとは寸分も疑わなかったという。

　もう1人は、アパレル事業で成功した裕福なカール・シャピロだ。チャイスのように会社を設立はしなかったが、ボストン近辺の病院や大学に多額の寄付をし、そこで得た信用を利用して、40年間にわたり、多くの客をBLMISに斡旋できた。

　次のノーマン・レビィは、マンハッタンで商業ビルを数棟持つ不動産業者だ。運転資金に不足していたので、それを補うため、メイドフのフィーダーとなった。1975年、BLMISに口座を開いてから10年間の供給額は1億8000万ドル（約200億円）だったのが、その後の約20年で、それを15億ドル（約1650億円）に増やし、2001年には実に35億ドル（約3850億円）にまで増大させる重要なフィーダーとなった。

しかし、彼らフィーダーの中でも際だった人物は、ウォール街で著名な投資家のエズラ・メルキンだ。彼は〝賢人のエズラ〟のあだ名がついたくらいのやり手である。名門の出だけに信用が厚く、大手出資者の団体や裕福な個人をメイドフに紹介して、彼らに多額の資金をBLMISに投資させた。その中には、ユダヤ人裕福層が集まる五番街シナゴーグ（礼拝所）や名門校イェシーバー大学などが入っている。

一方メルキンは、1992年から自分が経営する3つのヘッジ・ファンドを通じて、10億ドル（約1100億円）もBLMISに回していた。同社に資金を投じた手数料として、年間1～1・5％を得ていた結果、年間約3500万ドル（約38億5000万円）もボロ儲けしている。だが、投資家に知らせずに、BLMISへの投資を内密に行ったものだから、後に多数の投資家から訴えられて、彼のヘッジ・ファンドは、管財人の管理下に置かれる羽目になった。

フィーダーの中には、投資金を早めに引き上げて、大儲けした者もいる。それは弁護士で、会計士のジェフリー・ピコワーだ。ピコワーはなかなかの辣腕家である。きわどい商売を数々手掛けて、一時は『フォーブス』誌（2009年版）の米国富豪400人の1人に列せられたほどだ。

ピコワーは、長年の友人、メイドフに誘われて、BLMISに投資し、自分が設立した「ピコワー財団」を利用しながら、1995年〜2008年間に、大量の資金をBLMISの24の口座に供給していた。それによって、1996年〜1998年に投資額の120〜550％、1999年には実に950％の利益を得ていた。

ところが、ピコワーはBLMISが行き詰まる前に、機敏に投資額を上回る約51億ドル（約4600億円）を引き出しており、それまで彼が得た利益は、計72億ドル（約8000億円）に上った。BLMISの倒産後、清算手続き中の管財人に、その利益の返却を求められた。ピコワーは、その時すでに2009年10月25日にフロリダ州パームビーチの自宅のプールで溺死していたが、長い裁判の末、2010年12月17日に、ピコワーの遺産管理人は全額返還に同意した。

この5人が、メイドフのポンジ・スキームを拡大させるエンジンの役割を果たしたのである。

メイドフの生い立ち

バーニー・メイドフは裕福な家庭の生まれではなかった。父親は配管工で、祖父母はポーランドとルーマニアからの移民である。苦学の末、アラバマ大学に入学後中退し、ニューヨーク州のホフストラ大学を卒業した後、１９６０年に、水泳場の救助員やスプリンクラー（放水装置）の設置で得た金で、ＢＬＭＩＳ（Bernard L. Madoff Investment Securities LLC の略）を設立した。その資金は５０００ドル（時価換算、４万ドル＝約４４０万円）であり、ペニー・ストック（penny stock　投機的安物株）を専門に扱った。ペニー・ストックとは、価値のない大穴狙いの株で、通常1株5ドル以下の株式を指す。

やがて、義理の父、ソール・アルパーンより5万ドル（時価換算、40万ドル＝約４４００万円）の資金援助を得て、商売の規模を拡大するようになった。手掛けたのは、正規の証券取引所の会員と対抗するため、ＯＴＣ（Over-The-Counter　店頭取引）である。これは、証券取引所などの公開市場を介さずに、当事者同士が相対《あいたい》取引《とりひき》を行うことを意味する。

メイドフは、当時ＯＴＣに規制がなかったので、自由に運用することができた。取り扱った株式は、証券取引所が扱わない中小企業の株であり、彼はその卸売業者になって、それをかき集めて販売しては儲けていた。

メイドフが慧眼の持ち主で、先見性があったのは、誰にも先駆けて、コンピュータを駆使して株式取引を普及させたことだ。この革新的なテクノロジーは、後に証券取引所、ＮＡＳＤＡＱを発足させる基盤を作った。なお、ＮＡＳＤＡＱは、情報技術の普及と拡散によって誕生した取引所であり、それまでの証券取引所と違って、遠距離間の証券業者がコンピュータ・ネットワークを使用して取引をするのが特徴だ。これによって、１９７１年に創設されてから飛躍的に発展し、世界最大規模を誇るニューヨーク証券取引所に次いで、大きく成長している。

メイドフはさらに、業界用語の「payment for order flow」といわれる、ディラー（自己負担で証券売買する業者）がブローカー（株式仲買人）に対し、取引を自社に回してもらうために支払う口銭を編み出して、業績を急速に伸ばした。彼は、これを「合法的リベート」と呼んでいたが、一部の学者からは、これは実質的にキックバックであるとして、ＢＬＭＩＳの企業倫理を疑う声が上がっていた。それに対し、メイドフは、スーパーのストッキングの陳列棚に例えて、「ストッキングを展示している棚を、ストッキングを造った会社が負担しているようなものだ」と反駁している。

１９９０年初期に入ると、ＢＬＭＩＳは、コンピュータによって、迅速に取引できることから、多くの客をつかんで、商いを拡大した。そして、証券専門取引会社と小売ブローカーを迂回して、店頭取引を主とする第三市場を形成し、この最大の調達者として成長した。その結果、デイトレード（取引証券をその日に売却する取引）においては、ニューヨーク証券取引所の銘柄の約９％を取り扱うまでに発展した。

これを看過《かんか》できないニューヨーク証券取引所の元理事は、この取引を「オレの皿から、つまみ食いをしているに過ぎない」と酷評し、メイドフのことを「ゴミ拾いだ」と蔑んだ。

しかし、うまく立ち回ったメイドフは、実績と貢献度に物を言わせて、1990年にNASDAQの会長に就任する。いったん会長職に就くと、着実に自分の地位を固めながら、業界の信用を築いていく。後に告発されたSECから、証券業者の集まりである証券業金融市場協会のメンバーに任命されたり、議会にも証人として招聘されていた。

ポンジ・スキームに踏み切る

1997年初期からSECによる取引条件のスプレッド（「売り値」と「買い値」の値差）の改定もあって、BLMISの業績は急速に悪化する。これが転機となって、メイドフは史上空前のポンジ・スキームに走ったようだ。

持ち前のずるさで、メイドフは投資家を巧みに募る。その手始めに、一流のカントリー・クラブ、中でもユダヤ人金持ち専用のクラブに加入して、裕福な会員と近づき、BLMISの投資ファンドに加入させた。日本では、カントリー・クラブといえば、通常ゴルフ・クラブを指しているが、アメリカでは、ゴルフだけでなく、テニス、水泳、ポロなども楽しめる、家族ぐるみの親睦クラブである。

さらに、メイドフの運用基金が儲かることが、著名なユダヤ人たちの口コミで広く伝わると、多くの者が加入し始めた。中には、ホロコーストの生存者で、ノーベル平和賞受賞者の作家エリー・ウィーゼルも加入し、大きな被害に遭っている。なぜ騙されたのか、と聞かれた彼は、

「犯罪者の想像力は、無知な人より豊かだからです」

と答え、犯罪者は、自分が犯す罪を容易に想像できるが、被害者は、そんな罪を犯すとは、とても想像できないことを示唆している。

年間10〜12％の収益を保証した彼の基金は、2000年に70億ドル（約7700億円）だったのが、2005年末には500億ドル（約5兆5000億円）に膨張した。これに釣られて、大口投資家で有名な、中近東のアブダビ投資公社までが、投資に参加するようになった。

しかし、これだけ大掛かりな犯罪でありながら、長年発覚しなかったのは、誠に不可解である。事実、メイドフの会社の収益性に疑問を持ったSECは、BLMISの不正が1992年から発覚するまで、実に6回も調査を実施している。それでもポンジの仕組みを見抜けなかったのは、担当官の見過ごしだけでなく、外部から告発があっても無視するなど、多くのミスがあったからだ。SECの監督官の中には、メイドフが債券の売買取引を

していないことすら、疑おうとしなかった。

無視された告発者の例は、金融アナリストのハリー・マーコポロスである。彼は1992年に、メイドフが謳う年間約10％のコンスタントな利益は、数学的に見ても、法的にも不可能なことが、5分内で分かると主張した。そこで彼は、2000年と2001年、さらに2005年の3回にわたって、SECボストン支局に、データを記した厚み10センチほどもあるファイルを持参して告発したが、頭から無視されている。

また、2003年にSECの監督官が、メイドフの会社に査察に入った時のことだ。メイドフ自身も驚いたことに、彼らが映画の『刑事コロンボ』のように振舞い、的を外れた質問ばかりして、株式の記録さえもろくろく閲覧しなかったという。

Depository Trust Company（証券預託機関、DTCと略）は、証券取引を検証し照合する目的を持つ、信頼度の極めて高い組織である。証券会社や銀行などを会員にしており、それらの株式や債券取引の受け渡しのほか、利子と配当の送金に至るまで、コンピュータで詳細に管理している。ここに照合さえすれば、BLMISが集めた金が、実際に投資に振り向けられていたかどうかは、一目瞭然で見分けられる。つまり、ポンジ・スキームかどうかが、すぐに判明できるのだ。

メイドフは、SECの係員に、DTCにおけるBLMISの取引番号までも教えていたという。にもかかわらず、ＳＥＣは、ＤＴＣに照合さえすれば、ＢＬＭＩＳのポンジ・スキームが容易に見抜けたのに、それすらも行っていなかったのだ。

事実、２００８年にメイドフのポンジ・スキームが破綻した際に、ＳＥＣが促されて、ＤＴＣに電話をかけたところ、それだけで、ＢＬＭＩＳの資金が投資されていない、自転車操業であることが分かったという。このことから、ＳＥＣがいかにずさんで、無能な組織だったかがよくわかろう。

メイドフの性格

ＮＡＳＤＡＱの会長職まで務めたような人物が、なぜ、このような大がかりな詐欺を犯したのか、さらに、なぜ、その犯罪を長らく隠蔽《いんぺい》できたかは、実に不思議である。

ポンジ・スキームは、他者から投資金を募って、補完することによって、初めてコンスタントに10％を配当できる。それに疑問を抱けば、この仕組みを考えると、誰かが疑念を抱き、補完する資金が途絶えれば、何時かは破綻するとの結論に達するはずである。だが、25年間超も10％の配当が続けば、誰もが疑念を抱かなくなって、ポンジ・スキームだとは見破れない。では、長らく隠蔽できたのは、一体、なぜだろうか。

まず、メイドフの動機と性格である。メイドフが、詐欺に走った契機として、彼自身が騙された苦い経験があるとされている。それは、1960年代に天才的な詐欺師、ジャック・ディックが行った数々の詐欺事件で、中でも、ブラック・ワッチ・ファームのアンガス牛への投資詐欺は大がかりだった。牛の種を買えば、税法上、有利になることに惹かれ、多くの投資者が参加し詐欺被害に遭った。1頭の牛を1人が所有するはずだったのが、1頭を数人もが所有する結果となり、被害の総額は320万ドル（時価換算、約2億ドル＝約220億円）に達し、被害者のメイドフは、8万5000ドル（時価換算、約53万ドル＝約5830万円）も損失を出した。この苦い教訓から、損害を取り返そうとしたのが、ポンジ・スキームを始めた理由の一つとされている。

メイドフの性格について、著名な犯罪心理学者、カリフォルニア大学サンディエゴ医学校のJ・リード・メロイ教授の論じたことは興味深い。教授は、メイドフと連続殺人犯のテッド・バンディとの間に、共通性があると分析している。バンディは、1974年から1978年にかけて、美貌に物を言わせて、数多くの若い女性を誘惑して殺害し、被害者の総数は30人を超えた悪名高い連続殺人犯である。

メロイ教授は、バンディが多くの若い女性の命を奪ったように、メイドフは、多くの人々の財布と、金融機関の信頼性を奪ったと述べている。バンディに似て、メイドフは、鋭い頭と人好きのする性格を持ち、実存しないような人格を形成し、人に安心感を与えて騙していた。

しかも、2人とも、社会から激しく非難されても、何ら後悔や自責の念を示さなかった。メイドフが謝った唯一の例は、裁判の結果、自宅監禁された際に、住んでいるパーク・アベニューのペントハウスの隣近所に、その間、迷惑をかけるかもしれないと手紙で詫びた時だけだという。

さらに教授は、バンディとメイドフに精神疾患に近い一面を見る。彼らは、自分が特別な人間で、法律を超越した存在であり、絶対捕まらないと自負している。こうした人たちは、罰せられないとうぬぼれていることが、かえってアキレス腱（強者の急所）になっており、それが、彼らの破滅を招くと考える。

このようなスキームでは、悪事がばれる危険性があっても、自分の存在に脅威を与えるような人たちを、身辺近くに置くことが必要になる。その意味合から、メイドフがSECの監督官と親交を交わしたのは、頷けるそうだ。味方になるように手なずけ、自分の商売の流儀や態度について、同調させるようにする。長年、発覚を免れたのは、監督機関のSECが怠けていたか、あるいは騙されたかだという。

事実、メイドフは、SECが同調するように計らっている。事件発覚後、問題視されたのは、1993年~2001年までSECの委員長を務めたアーサー・レビットとメイドフの癒着関係である。レビットは、彼に市場動向について、しばしば助言を仰いだことを認めたほどの仲だが、メイドフがSECの職員に対して、不当な影響を与えてはいないと弁解している。

隠蔽できた理由

これだけ多くの人が巻き込まれながら、この犯罪が長年続いた背景に、いわゆる「バンドワゴン効果」があったと思われる。バンドワゴン効果とは、ある選択が、多くの人に受け入れられているという情報が流れると、根拠がどうであれ、それはの支持が無意識に一層強くなる心理効果を意味する。「バンドワゴン」とは、「行列の先頭の楽隊車」であり、それに乗るとは「勝ち馬に乗る」ことだ。メイドフの場合は、欲の目に眩んだ多くの投資家が、一種の群集心理による同調現象も手伝って、彼の投資ファンドを、雪だるま式に購入したようだ。

これほどの犯罪が長らく暴露されなかったのには、いくつかの理由がある。

一つ目に、メイドフが極めて有能で、金融エキスパートとして尊敬されていたことに加えて、NASDAQの設立に関与し、その会長に就任して名声を得ていたことだ。

さらにメイドフは、同じユダヤ人仲間から絶大な信用を得ており、彼を疑う者はいなかった。その例として、旧悪が露見した後でも、詐欺にあったユダヤ人大手出資者の1人は、「バーニー・メイドフを疑う？　とんでもない。神を疑っても、バーニーを疑うことはできないよ。彼には霊的な雰囲気があった」

と述べていたくらいだ。

また彼は、ユダヤ人の慈善事業に積極的に関与し、多額の寄付を行っていたので、ユダヤ人仲間から尊敬されていた。そんな彼が、まさか悪事を働くなどとは微塵も用心しなかったようだ。この事件の最大の特徴は、詐取金額の大きさもさることながら、メイドフがこのように、民族仲間のユダヤ人から受けていた厚い信頼を利用したことがある。

ニューヨーク郊外のカントリー・クラブや、別邸のあるマイアミで知り合った、裕福なユダヤ人たちに積極的にアプローチし、ユダヤ人の著名な会社経営者や団体役員を巧みに引き入れていた。

彼らがメイドフを信用したのは、「彼がユダヤ人だから」とみな異口同音に語っている。というのも、ユダヤ人はお互いの仲間意識が極めて強く、同胞を助け合うことは、彼らの聖典『タルムード』で義務づけられているからだ。

ユダヤ民族同士の結束ぶりは、東南アジアにおける華僑の助け合いに似ているという。同じ民族なら、信用できると考えるのだ。ユダヤ人以外なら信用できないが、同士なら、握手だけで契約をすますほどだ。メイドフのビジネスは、このようなユダヤ人グループ内で培われた信用の上に築かれていたのである。

また、メイドフは慈善団体に寄付行為を行った功績から、多くの非営利団体の役員に名を連ねて、その基金を自身のポンジ・スキームに取り入れさせていた。だが、運用されずに返済されなかったため、多くの慈善団体が行き詰まって、倒産をしている。

メイドフは、名門イェシーバー大学傘下のサイ・シムズ経済学校の収入役を経て、同校理事会の理事長という要職を務めている。NASDAQの会長の肩書とともに、その地位からも、ユダヤ人社会に絶大な信頼を得ていた。

二つ目に、メイドフは、とりわけ証券業界を監視するSECの監督官と親密な関係をつくるのに腐心していた。彼らが求めることに、なんでも快く応じていたので、SECの人気者になっていた。ついには、彼らがメイドフに、業界の機能や動向を伺うようになり、SECの取り締りの流儀が、メイドフに沿ったものになったという。長年、不正が見抜けなかったことから、SECは、このメイドフとの癒着関係を疑われている。

三つ目に、彼は会社の従業員を同族で固め、その結束が極めて固かったことだ。バーニーが太陽系の中心だとしたら、弟のピーターはそれに最も近い惑星で、日常の仕事を切り回して、実質的な最高執行責任者になっていた。弁護士の資格を持ち、会社の技術革新の推進者としても貢献をした。ピーターの娘シャナは、SECの監督官、エリック・スワンソンが2003年にメイドフの会社に査察に入った時に知り合い、2007年に彼と結婚している。スワンソンは、彼女との交際中は、BLMISへの調査に加わらなかったと主張しているものの、彼女に入れ知恵をしていたことは間違いなさそうだ。

メイドフの次男、アンドリューは、頭が切れて、複雑な技術上の問題に精通していた。方や長男のマークは、実践的な日常取引を担当し、父バーニーの跡継ぎと目されていた。

このように家族ぐるみで会社を運営していたので、外部から付け込まれる隙は少なかった。しかし、家族の絆があったといえども、BLMISはメイドフのワンマン経営であり、彼は家族の誰にも、ポンジ・スキームを運営していることを決して漏らさなかった。FBIに逮捕される前日になって、ようやく身内にその犯罪の全貌を明かすのだ。

ただ、このユダヤ人の家族経営ともいうべきメイドフの企業に、一人だけ異色を放った従業員がいた。それは、イタリア系アメリカ人のフランク・ディパスカリである。彼は、1975年に18歳で入社してから、2009年8月にメイドフが起訴されるまで、実に33年もメイドフの右腕として忠実に務めた。隣家の女性が、メイドフの秘書だった関係から入社し、会社の日々の取引を見るようになり、1996年にCFO（最高財務責任者）に上り詰めた。

ディパスカリはメイドフの取引内容の始終をすべて熟知していた。例えば、発覚するまで、少なくとも13年間は、債券市場の取引を何ら行っていないことも知っている。そのような不正が行われていたにもかかわらず、従順に働いたのは、年間200万ドル（約2億2000万円）超の高額の給料とボーナスをもらっていたからだ。それが一種の「口止め料」になっていた。それ以外に、彼は社内に500万ドル（約5億5000万円）の自己勘定を設定し、自由に引き出していた。

しかし、スキャンダルが発覚して、真っ先に泥を吐いたのは彼である。2009年に起訴されると有罪を認め、検察側に全面的に協力すると約したので、今まで「点」だった詐欺が、「線」で結び付けられるようになった。

ディパスカリの判決は、2010年5月に予定され、有罪となれば、最大125年の禁固刑と1700億ドル（約19兆円）の罰金を科せられると目されていた。すでに投獄されていた同年2月に、1000万ドル（約11億円）の保釈金を積んで保釈され、長引いた裁判の結果を待っていた。だが、2015年5月、判決前に肺がんのため他界している。

なお、メイドフは奇行の持ち主としても名高い。これが却って、彼を近づきにくい峻厳な存在にさせていた。例えば、一対一で面談することを極度に避けたことが、投資者から近寄り難いという威厳とオーラを醸し出していた。それが、彼にカリスマ性を与えたようだ。

色は黒かグレーを好み、事務所は、家具から押しピンの備品や内装に至るまで、黒かグレーに統一させた。また、何でも左右対称で、直線的でなければならなかった。窓のブラインドは、同じ高さに統一せねばならず、コンピュータのスクリーンも、同じ角度と位置に置く必要があった。また事務所で、自分のシャツのボタンを垂直に直すため、人目をはばからずに、度々ズボンを下ろしていたという。さらに、彼のきれい好きは病的ともいえるほどで、事務所内のほこりを、自らモップで払っていただけでなく、従業員が食べ物をタイル・カーペットに落とすと、そのパネルを自ら交換していたそうだ。

事件の結末

メイドフの投資会社、ＢＬＭＩＳは、その末期になると取引をますます増大させ、あまりの多さにディパスカリは過労になり、メイドフに対して、

「もう沢山です。注文を取るのを止めて下さい」

と度々懇願したが、彼は、最後まで

「オレは着実で真の投資家だ」

とうそぶいて、手を緩めなかった。

ところが、２００８年9月15日に、転機をもたらす大事件、リーマン・ショックが起こ

る。アメリカの投資銀行、リーマン・ブラザーズが破綻し、それを端緒として、サブプライム・ローンや証券だけでなく、他の資産価格に大暴落が起こり、世界的金融危機の連鎖反応が発生した。その影響で、メイドフの多くの顧客が損失を出したので、それをカバーするため、BLMISの投資口座からの引き出しを一斉に要請し始めた。

メイドフは、このショックが大恐慌に次ぐ大不況でありながらも、それを否定するかのように、決して弱みを見せず、業績が依然堅調であると言いふらしていた。2008年11月、ある大手ユダヤ系の慈善団体の会長に会ったときのことだ。

「史上最悪といわれる時期に、どうして金儲けができるのですか？」

と聞かれて、

「あなたは、私の上げた利益に満足しているでしょう。私は着実で真の投資家なんですよ」

と、例の決まり文句で平然と答えていた。

このように外部に対して、決して弱みを見せなかったが、内心は狼狽《ろうばい》し始めていた。というのは、顧客から投資金の返還を求める数が、雪だるま式に増えたからだ。2008年11月になると、それに対処するため、手を付けなかった妻ルースの管理する仲介勘定から、現金1550万ドル（約17億円）を引き出させた。

しかし、サブプライム・ローンによる株価の下落を受けた複数の投資家が、計約70億ドル（約7700億円）の償還を求めるに及ぶと、その程度の金では追いつかない。そんな大金を、自己資金ではとても工面《くめん》できないので、慌てた彼は、億万長者数人に金策に走ったが、工面できたのは総額2650万ドル（約29億円）にとどまり、手を挙げざるを得なかった。

2008年12月10日午後、ついに隠し切れなくなったメイドフは、息子2人に、自社の資産運用が大規模なポンジ・スキームであり、すべてが「真っ赤な嘘」だったことを告白した。その事実を全然知らなかった2人は驚愕し、直ちに弁護士事務所に赴いて、真相を話した。その結果、弁護士はSECに報告し、翌日、メイドフはFBIに検挙された。

2009年3月12日、11の罪状で裁判にかけられたメイドフは、有罪を認め、資産運用がポンジ・スキームだったことを白状した。

2009年3月12日の裁判で、彼は11の罪状すべてと、大規模なポンジ・スキーム運用を素直に認めた。さらに、同年6月29日に行われた裁判では、チン裁判官は、社会的地位を利用して20年にわたって詐欺行為を続けたことから、情状酌量の余地は全くないとし、71歳のメイドフに対し、禁固150年という気が遠くなるような判決を言い渡した。その後、さらに1700億ドル（時価換算、約15兆3000億円）を返還することを命じた。

メイドフの既に凍結された総合資産は、8億2600万ドル（約910億円）だが、これでは騙された投資者の返済には大きく不足するので、マンハッタンの豪華アパートやモントークとマイアミにある豪邸も没収された。それだけでなく、彼が愛好した時代物の腕時計35個や宝石類など、計260万ドル（約2億9000万円）の資産も没収された。驚くことに、これらは私財でなく、すべてBLMISの会社勘定で購入されていたのだ。

さらに妻ルースが隠匿していた、8000万ドル（約88億円）の財産も、同時に没収されただけでなく、実弟や息子2人など親族の4人も共犯者として、計2億ドル（約220億円）の返還を命じられた。息子2人が、他人に貸していた3000万ドル（約33億円）も差し押さえられた。

さらに大きな話題を呼んだのは、1990年代に、大手ユダヤ系慈善団体が40億ドル（約3600億円）に上る資金をメイドフに投資していたが、その最高顧問である女性が、メイドフと、20年にもわたって性的関係を続けていたことだ。しかも彼女は結婚しており、お互いに不倫関係にあった。その上、彼女はその事実を自ら本で暴露したので、更なるセンセーションを巻き起こした。

この事件によって、一連の裁判で起訴され、有罪の判決を受けたのは、実に15人にも上った。その中の一人、メイドフの実弟ピーターは、2012年12月20日に10年の禁固刑を受けた。だが、メイドフ家の悲劇は、これだけで終わらなかった。父親のメイドフの逮捕から丸2年が過ぎた2010年12月11日に、長男のマークが首つり自殺をしているのが発見され、アンドリューも2014年9月にリンパ腫で死亡している。2人は判決を受けることなく、死亡により罪を不問に付された。

6年超も延々と続いた刑事裁判は、2015年8月5日に最後の被告、同社の監査役、77歳のアーウィン・リプキンが、禁固6か月を受けたのを最後にようやく結審した。

なお、メイドフは、ニューヨークに近い監獄を希望したが、重罪であるため、遠く離れた辺鄙《へんぴ》なノース・カロライナ州のバットナー刑務所に収監された。入獄後、2009年10月に、彼は他の年配の囚人から暴行を加えられている。メイドフは鼻を折られ、肋骨は裂け、頭部と顔面に切り傷を負った。暴行の理由は、加害者の囚人が、メイドフに投資しており、その金が返されかったことだったという。

スキャンダルの余波

メイドフのスキャンダルは、その規模が想像を絶するほど大きかっただけに、世間に強い衝撃を与えた。1920年代に悪名を轟かしたチャールズ・ポンジの名を冠したスキームが、一躍、一般的になったのである。そのため投資家は、自分たちの投資先もメイドフと同じではないかと危惧するようになった。

２００8年12月にメイドフが逮捕されてから、5年経った後でも、その実害が膨大だったので、事後処理は難航を極めた。裁判所から、逮捕数日後に管財人として任命されたのは、弁護士のアービン・ピカードである。彼の任務は隠蔽されたり、不法取得された金を取り戻し、被害者に返還することだ。

被害が広範囲にわたっただけに、投資金を取り戻すための裁判が何千となく提起され、その解決は遅々として進まなかった。メイドフのやり方と内容を把握するだけでも、途方もない激務である。だが、ピカードは非常に有能であり、手際よく処理した。請求された訴訟事例の内、約２５００件を承認し、約1万３０００件を却下した。

結局、約90億ドル（約９９００億円）が取り戻され、承認された投資家に払い戻された。90億ドルの中には、ＢＬＭＩＳが行き詰まる前に、手際よく投資金を引き出した、フィーダーピコワーの51億ドル（約５６００億円）が入っている。

同じフィーダーのチャイスは、ブライトン社を通じて、30年間にわたってＢＬＭＩＳに多額の投資金を斡旋していた。１９９5年以来ＢＬＭＩＳの口座から、すでに10億ドル（約１１００億円）も引き出していたので、その返還を命ぜられた。チャイスが、投資家を長く騙して得た2億７０００万ドル（約３００億円）の利益に対し、その返還を求めた裁判は延々と7年も続き、ようやく２０１6年10月28日に結審し、１５００万ドル（約16億

5000万円）を取り戻すことができた。

また〝賢人のエズラ〟のメルキンは、3つのヘッジ・ファンドを通じて、倒産前に10億ドル（約1100億円）をBLMISに斡旋していたが、6年間にそのうち約5億ドル（約550億円）を同社口座から下ろしていた。

2009年5月7日、ピカードはメルキンに対しその返還を求め、裁判で争った末、2012年6月22日、彼の倒産したヘッジ・ファンドから、4億5000万ドル（約500億円）を返還することに同意させた。これ以外に、先述の差し押さえられたメイドフ夫妻の私財や、息子2人の財産の処分による金額も追加されている。

最も厄介だったのは、銀行に対する訴えである。中でも、市中銀行大手のJPモーガン・チェース銀行（JPモーガンと略）との係争だ。ピカードは、JPモーガンがメイドフのポンジ・スキームについて、度々警告を受けていたにもかかわらず、BLMISと、「見て見ぬ振り」をして取引をしたと非難した。

JPモーガンは、BLMISとの取引で、50億ドル（約5500億円）近い手数料を取っていただけでなく、スキームが崩壊する寸前に、メイドフのファンドから2500万ドル（約27億円）を密かに引き出している。ピカードは、JPモーガンと長らく交渉を行った末、2014年1月7日、頑強に抵抗した同行は、ついに折れて罪を認め、刑事訴追を見送る

「起訴猶予契約」にサインをした。合意の条件として、20億5000万ドル（約2300億円）の違約金を支払うことになり、この金も被害者への補償に充てられる。

アメリカの銀行は、「銀行秘密保護法」により、犯罪や脱税の兆候を見つけた場合にはSECへの報告が義務付けられている。ところがJPモーガンは、1994年以来のメイドフとの不法取引を報告しなかったため、SECからアメリカ金融史上最高の17億ドル（約1900億円）の罰金を科せられた。

このように、メイドフのスキャンダルの余波は延々と長引いて、多くの禍根を残すことになった。さすがのSECもメイドフ事件で懲りたのか、大いに反省し、委員会の透明性を高めながら、支店間の連携を密にして、内部告発者を専門に扱う部署まで新設した。これにより、ポンジ・スキーム犯罪の取り締まりを強化することになった。

信仰心と金儲けは別問題

このようにして、膨大な資金を操った一大スキャンダルは、ひとまず収束するが、宗教心が厚いはずのユダヤ人が、重大な経済犯罪をするのは、何か矛盾しているように思われる。だが、彼らにとって、どうやら信仰心と金儲けとは別問題のようだ。

かつて、あるインサイダー事件で、調査官がそのユダヤ人容疑者の家を盗聴したところ、容疑者たちは一家で一緒になって食前の聖歌を歌って敬虔な祈りを捧げた後すぐに、株式の不正取引について話し合っていたという。

これはユダヤ人の取引先に招かれてシナゴーグの礼拝式に参列した時の私の経験談だ。宗教指導者のラバイが、祈りを熱心に唱えている最中に、ふと横の信者を見たら、祈りとはよそに、膝の上に株式新聞を広げて見入っているではないか。

ある学者によれば、この二面性は、ユダヤ人が何世紀にもわたって、ヨーロッパ各地の政府に差別され、騙されてきたことに由来すると言う。すなわち、ユダヤ人は多くの職業から締め出され、彼らだけの差別的法律を適用された上に、特別税を課せられた。その例として挙げられるのが、18世紀の著名なユダヤ哲学者、モーゼス・メンデルスゾーン（作曲家フェリクス・メンデルスゾーンの祖父）だ。彼は高名な人物でありながら、ユダヤ人であるがために、自分の生まれ故郷に入る度に、ユダヤ人だけに課せられる人頭税を払わされていた。

このようにユダヤ人は、不当に差別されてきたので、悪どい政府を騙すことは、何ら悪くないと考えるようになったという。

さらにポンジ・スキームに加担した、あるいは騙された多くのユダヤ人に、共通して見られるのは、一獲千金を狙っていることだ。一部にはこれが異常に欲張りで、醜悪《しゅうあく》であるかのように思われるかもしれない。わが国ではよく、「清貧に甘んじる」といわれ、行いが正しく、貧しい生活に満足することを賛美する向きがある。「清貧に甘んじた人生を送った偉人」というふうに表現する。伝統的なキリスト教においても、このような風潮が見られる。

しかし、ユダヤ教では、貧困であることは、正直さと結び付かないどころか、有徳であるとは考えない。むしろ、貧困は無意味な苦難だと見なされている。従って、お金に執着する、つまり金持ちになろうとするのは、決して非難されることではないので、ポンジ・スキームに群がったユダヤ人たちを、一概に責めるわけにはいかないのだ。もちろん、人を騙してまで、お金に固執するのは好ましいことではなく、騙される方も、甘言に乗った軽率な行動を反省しなければならないだろう。

また、不思議に思えるのは、メイドフを始め、先の「フィーダー」5人とも、みんな資産家でありながら、慈善事業に極めて熱心で、そのための基金や財団を創設していることだ。そもそも慈善を施すとは、本来、貧しい人や恵まれない人々に経済援助をすることである。そのような慈悲心を持つ一方で、多くの人から金を詐取して、巻き上げていることは矛盾する。この関連性については、第5章で詳述する。

4 オレの方がメイドフよりも賢い

メイドフの厳刑が教訓となって、ポンジ・スキームは廃れるものと思われたが、そうではなかった。その後、「メイドフよりオレの方が賢い」と、うそぶく詐欺師が現れたのだ。

彼の名はルー・パールマンで、男性ポップ・グループ、バックストリート・ボーズやイン・シンクのマネジャーとして名を馳せた。なお、イン・シンクの一員には、有名なジャスティン・ティンバーレイクがいる。

パールマンはニューヨーク郊外、フラッシング生まれのユダヤ人であり、父はクリーニング店を営んでいた。音楽に興味を持ったのは、サイモン＆ガーファンクルで有名な歌手、アート・ガーファンクルと従兄弟関係にあたり、その影響を強く受けたからだ。１９９３年に、バックストリート・ボーズを立ち上げたのを機に、イン・シンクも結成して大きな成功を収めた。

ところが、１９９７年になって、バックストリート・ボーズの一員、ブライン・リトレルが不審に思ったのは、ツアーやヨーロッパでの売り上げが好調なのにもかかわらず、自分への報酬は非常に少ないことだ。そこで彼は、弁護士を雇って調査させたら、驚いたことに、1993年から5年間、5人のメンバーに対し計30万ドル（約3300万円）、毎年1人当たり1万2000ドル（約130万円）しか渡していなかった一方、パールマンは、自分をグループの6番目のメンバーに加えて、分け前をもらっただけでなく、儲けの数百万ドル（数億円）をまるまる懐に入れていたのだ。

その結果、リトレルはパールマン相手に裁判を起こし、この訴訟に他メンバーも参加するに及んで、彼はグループから追い出された。さらに1999年になって、イン・シンクのメンバーからも訴えられて、提携関係を断ち切られた。メンバーのティンバーレイクは、「スヴェンガーリに金融的に強姦された」と、パールマンを激しく非難した。スヴェンガーリとは、ジョージ・デュ・モーリアの小説『トリルビー』に登場する、才能のある歌手や俳優を、悪意を持って意のままに操る人物のことである。

これらの裁判で、一流弁護士を雇うだけでも、1500万ドル（16億5000万円）もかかるので、金策に困った彼は、後に好きな航空機をもとにしたポンジー・スキームを考え出すのだ。

パールマンは、幼少時から、近くに飛行場があった関係で、飛行体に非常な関心を持った。初めは飛行船で、後にポンジ・スキームのもととなった航空機である。1970年代に大学を卒業すると、飛行船に本格的な興味を覚え、ドイツまで赴いて飛行船について実習し、帰国後、飛行船の会社を立ち上げた。運よくジーンズ・メーカーのジョーダッシュの援助を受けて、飛行船を製造するようになり賃貸事業を起こした。

ところが、所有の飛行船数機が墜落し、大手顧客が契約を打ち切ったものだから、会社は行き詰まった。そこで、ポンジ・スキームを始める。トランス・コンチネンタル航空会社とトランス・コンチネンタル・トラベル・サービスの2社を設立した上で、両社の「従業員向け投資定期預金口座（ＥＩＳＡ）」を開設して、銀行や個人投資家に加入を積極的に勧めた。ＥＩＳＡは、過去の投資家に対する配当金を、新規投資家の金で充当する、ポンジ・スキームそのものである。15年にわたり、約２０００人の定年退職者から、実に約３億２０００万ドル（約３５０億円）を騙し取ったのだ。

その手口は極めて巧妙で、破綻した場合に預金を補償する、連邦預金保険公社（Federal Deposit Insurance Corporation）や大手保険会社、ＡＩＧ（アメリカン・インターナショナル・グループ）、ロンドンのロイズ（Lloyd's）などの保証書で加入者の信用を得ていた。

しかし、先の航空関連会社2社の実態は全くなく、単なる紙上の会社だったばかりか、これらの保険機関からの保証書は、すべて彼の偽造だった。その上、コーヘン＆シーゲルという架空の公認会計事務所を作って、決算書をでっち上げていた。そこには事務所どころか、従業員すらおらず、電話秘書代行サービスを使って、客と応対させていた。

さらに狡猾だったのは、パールマンは従業員を6人ほど雇っていたが、彼らはみんな無経験の素人であった。こうして、秘密がばれないように図っていた。その内の一人は、もとは彼のお抱えのドライバーであり、他はコンビニエンス・ストアの店員をしていた。顧客が、彼らに会社の内情を聞いても、何時も「何にも知りません」というのが答えだったという。このように彼のポンジ・スキームは巧妙に仕組まれていたので、15年間もばれずに、3億ドル（約330億円）超の大金を集めることができたのである。

しかし、この悪事も、ついに2004年半ばになって暴露される。パールマンの投資預金口座、EISAの大手投資家に、中国系アメリカ人のジョセフ・チャウがいた。彼はイリノイ大学シカゴ校の機械工学の教授であり、妻は長期ケア施設を運営している。パールマンは、チャウ教授にうまく取り入り、彼を格好のカモにして、14万ドル（約1540万円）を投資させていた。

チャウ教授の妻は、パールマンへの投資に疑念を持ち、何度も夫に解約するように勧めたが、教授のパールマンに対する、信頼は絶大で、頑として耳を貸さなかった。ところが、72歳の教授が、膵臓《すいぞう》がんで他界するに及んで、彼の叔父がパールマンに返済を求めたところ、「チャウ教授の投資額は、1ドル当たり10セントの値打ちしかありませんよ」と返答されたものだから、驚いた遺族は、弁護士エドウイン・ブルックスを雇うことにした。

チャウ教授の遺族がパールマンを裁判にかけようとした矢先、驚いたことにパールマンの方から、支払い請求を止めさせるため、チャウ家を自分が住んでいるフロリダ州でなく、シカゴで訴えたのだ。というのは、フロリダ州の裁判所にはパールマンの数々の前科が残されているため、そこでの訴訟は不利だからである。

パールマンの訴訟で最も問題にされたのは、チャウ教授がサインした「支払い義務を猶予する」旨の書状である。それは「パールマンが支払いたくなければ、チャウへの返済を免除する」ことを意味するもので、ブルックス弁護士は、提供した相手の意思一つで、誰が14万ドル（約1500万円）もの大金の返済を免除するだろうか、と強い疑念を抱いた。

そこで弁護士は、教授が過去にサインした複数の書状の署名と比較したところ、そっくり真似されていることを発見した。つまり、パールマンが、署名を偽造していたのである。その真偽を署名鑑定人に確認した際に、これまでEISAの決算書を担当した公認会計事務所のコーヘン&シーゲルを召喚したところ、全くの架空の存在であることが判明した。

2005年半ばに、チャウ家と弁護士は、大規模な詐欺であるとの確証を得ていたが、パールマンは、それとはお構いなしに他の投資家から、EISAへ積極的に金をつぎ込ませていた。しかし2006年秋から、投資家からの苦情が日増しに増え、12月に司直の摘発調査が入ると、さすがのパールマンも観念した。

ところが、被害に遭った銀行が、彼の会社が解散されて清算を認められたので、2007年2月、同行の管財人がパールマンの事務所に赴くと、もぬけの殻《から》である。彼は逮捕を恐れて、いち早く夜逃げしたのだ。

6週間も、彼の行方は分からず、イスラエルやブラジルなどで見かけたという知らせがあったが、どれも定かでなかった。ところが、2007年6月9日、ドイツ人のコンピュータ・プログラム作成者、ソーステン・アイボーグが、バリ島のウエスティン・ホテルのインターネット・カフェを訪れたところ、彼の横に座っている人物が、どう見ても、新聞で見慣れたパールマンなのだ。そこで6月14日、事件に詳しいフロリダの新聞記者に、密かに撮った彼の写真を送り、それを記者がFBIに届けた。

その結果、翌日、インドネシア米大使館所属のFBI担当官がパールマンを逮捕してフロリダに送還し、6月27日、連邦大陪審にかけられて有罪となった。2008年5月、裁判で有罪を認めたが、詐欺や資金洗浄、虚偽の陳述などのかどで、禁固25年の厳刑を受けた。

彼は遠く離れた、テキサス州東部のテクサーカナ市の刑務所に収監された。出所するのは、2029年3月24日である。獄中のパールマンと電話対談した『ハリウッド・リポーター』誌の内容が興味深い。彼が悪どい悪事を犯しながら、

「オレのポンジ・スキームの方がメイドフより優れている」

と、負け惜しみともいえる言辞を吐いているのだ。自分はメイドフと違う犯罪者だと主張する理由として、パールマンは、

「メイドフはお金になるもとを何ら持っていなかった。だが僕は、過去にバックストリート・ボーズやイン・シンクを無から立ち上げた実績がある」

とうそぶいて、さらにこう続けた。

「メイドフは単なる詐欺師であり、不正行為をしたが、オレは彼と違って、正しいやり方をよく知っている。それを実現する機会がなかったに過ぎない」

と、自分の大罪を棚上げにして強弁している。

かつて、ポップ・グループを成功させた功績が忘れられず、未だにその再現を夢見ているようだった。しかし、2016年8月19日、拘留中に、夢をかなえずに64歳で他界している。

5　新手のポンジ・スキーム詐欺

ポンジ・スキームは、よほど手っ取り早く儲かるものと見えて、後を絶たないようだ。しかも、うまい儲け話に乗せられて、簡単に騙される人が実に多いことに驚く。その手口も、いろいろと巧妙に変えられているが、これは不動産取引を新手にした詐欺である。

ユダヤ人のブルース・フリードマンは、1986年に、ロサンゼルス郊外のシャーマンオークス市に、ディベーシファイド・レンディング・グループ社（DLG）を創設した。DLGは、48州から約7万件の賃貸物件を買収し、改修して賃貸することによって、多大の利益を上げていると吹聴した。

そこで「保証投資証券」を発行して、年間12%の配当を確約し、それは一流保険会社によって保証されていると謳って売り込んだ。この結果、定年退職者や高齢者を中心に、約1500人から総計2億2800万ドル（約250億円）を騙し取ったのである。中には、まんまと乗せられて、自宅を抵当に入れてまで借金して投資し、果てに家を失う人もいた。

フリードマンには、いかがわしい前歴がある。この事業を始める前の1980年代に、粘着テープ・メーカー、エイブリィ・デニソン社の経理部長を務めていた頃、30万ドル（約3300万円）を盗み、重窃盗罪のかどで2年間獄中で過ごしている。そのことから見ても、彼は根っからの悪人だったようだ。

不動産への投資や保険会社の保証も真っ赤な嘘であり、不動産事業には何ら投資せずに、後からの投資金を前の投資者への配当に回す、ポンジ・スキームだった。フリードマンは、集めた資金の内、少なくとも1700万ドル（約18億7000万円）を着服し、650万ドル（約7億円）の海辺の豪邸や25万5000ドル（2800万円）もする高級車ベントリー・コンチネンタル、高価な宝石類を購入して豪遊し、愛人にも貢いでいた。

多くの投資家が、そのからくりに気付かなかったのは、年12％の配当が過大だと思われなかったからだ。しかもフリードマンが巧妙だったのは、寛大な慈善事業家を装って、方々に何10万ドルも寄付していたことだ。ロサンゼルス・ドジャースは、彼が球団の催す不幸な子供支援の慈善活動に、気前よく献金したものだから、ボストン・レッドソックスとのエキジビション・ゲームの始球式で、彼に投球させたほどだ。またカラバサス市のブランドン・ビレッジは、身体障碍者の遊園地として有名だが、そこに多額の寄付をして、善人であるかのように装っていた。

しかし、2007年にサブプライム・ローン問題を発端として、2008年のリーマン・ショックによる金融危機が発生すると、DLGは破綻して、その仕組みが暴露され、2009年3月にSECに告発されるのだ。

起訴されると、フリードマンは素早く、中米のベリーズに逃れ、検察側に帰国を約したが守らずに、フランスへと逃亡する。だが、2010年に、FBIの要請により、フランスのカンヌで検挙された。ところが、アメリカへ強制送還されるフランスの獄中で、心臓まひで死去した。62歳だった。もし、起訴されたなら、23の罪状で、禁固390年を受けるはずだった。

フリードマンの死亡によって、使途不明の金、約1億6800万ドル（約185億円）が究明できなくなった。その内、約2割の3700万ドル（約40億円）は、すでに投資者に配当として支出されたが、残りは着服されており、死亡によって使途不明金になっている。彼に1000万ドル（約11億円）の生命保険が掛けられていたので、裁判所の命により、彼の家族ではなく被害者に支払われている。フリードマンの愛人が不正に受け取った金は、全額返還を命ぜられた。それでも結局、2014年末現在、被害者に対しては、投資額の僅か約9％が補填されたに過ぎなかった。

6　とめどもないポンジ・スキーム

「カモは毎分生まれる」と名言を吐いたのは、アメリカの著名なサーカス王、ＰＴバーナムである。彼が珍奇なアトラクションで、観客を騙し続けた経験から述べた言葉だ。この言が示すように、メイドフの事件で、ポンジ・スキームがどれほど恐ろしいかが、よく分かっているはずなのに、人が騙される事件は、後を絶たない。

サラソータは、フロリダ半島の南西海岸に接する風光明媚な都市である。そこを舞台に、世間を驚かしたナデル詐欺事件が起こる。

ユダヤ人のアーサー・ナデルは、ニューヨーク大学法学部を卒業後、１９７８年にサラソータに移住した。そこでヘルスケア設備の建設や、古いホテルをアパートに改造する仕事に携わっていたが、何れも失敗に終わった。だが、彼にはピアノという特技があり、１９９４年〜１９９７年間、ファミリー・レストランで、給仕スタッフの合唱の伴奏をして生計を立てていた。そこで出会ったのが、５番目の妻ペッグである。

１９９７年に、レストランが閉鎖されたので、２人はコンピュータをベースにしたヘッジ・ファンド、「スクープ・マネジメント」を立ち上げて、多くの資金を集めた。ヘッジ・ファンドとは、代替投資の一つであり、私募によって機関投資家や一般投資家から大規模な資金を集め、様々な手法で運用する基金のことだ。

ナデルは、運用するヘッジ・ファンドで高利回りを謳い文句に、1999年〜2009年に、約390人の投資家から3億9700万ドル（約440億円）を集めた。だが、彼のファンドには暴露された段階で、手元に約1500万ドル（約16億5000円）のファンドと、現金50万ドル（約5500万円）しか残っていなかった。結局、ナデルの手口は、自転車操業そのものであり、ポンジー・スキームに他ならなかった。このことから、ナデルは「ミニ・メイドフ」と名付けられた。

彼は、多額の配当金を出せるのは、最新のコンピュータ・プログラムを内蔵した、ブラック・ボックス「マイクロスター」を使用しているからだと公言した。ブラック・ボックスと謳ったのは、使用しているプログラムのコードを隠し、コピーされないためだと称していたが、中身はまやかしであり、投資者を騙すためのものであった。しかも、このブラック・ボックスは、過去に使用されて、詐欺罪に問われたものを真似たに過ぎなかった。

投資家から集めた資金の内、ナデルは約4200万ドル（約46億2000万円）、それにパートナーのニール・ムーディ親子も同額の約4200万ドルを着服していた。ナデルは、贅沢三昧に暮らし、その内の1600万ドル（約17億6000万円）を、広大な土地購入に投資しただけでなく、妻が経営する花屋の運営資金のほか、地方飛行場や飛行機5機とヘリコプター1機の購入に充てていた。一方、ムーディ親子も、海岸沿いの豪邸や高級車、高価宝石類に使っていた。

ナデルが多くの人を騙せたのは、地元で厚い信用を勝ち得ていたからだ。そのために2003年に慈善基金を設立し、この基金からサラソタ・オペラに10万ドル（約1100万円）を贈ったり、子供支援の慈善団体に寄付していた。また、妻のペッグは、『ヴォーグ』誌の表紙を飾ったほどの美人なので、彼女を看板に、多くの慈善パーティに出席し、サラソータの上流社交界に食い込んで、その信頼を集めていた。

彼のからくりは、2009年になると暴露され、逮捕を恐れた彼は、同年1月14日に、妻宛の書置きを残して行方をくらませた。それには、手入れが入る前に、なるべく多くの現金を引き出せとか、自家用車のスバルを早く処分しろなどと書いてあった。だが、彼は遠くルイジアナ州で発見され、同年1月27日、FBIタンパ支局に、2人の弁護士に付き添われて自首した。

2010年、行われた裁判では、証券法違反と郵便・通信詐欺など15のかどで起訴された。裁判官はナデルに対し、多くの投資家、中でも老人の貴重な蓄えを喪失させた罪は重いとし、14年の禁固刑に加えて、1億6200万ドル（約180億円）の返還と不動産3か所に加えて、航空機3機、ヘリコプター1機の没収を命じた。裁判を傍聴した被害者の1人は、「ナデルは極悪非道で、精神的変質者だ」と激しく非難した。

当時77歳だったナデルは、ノース・カロライナ州の監獄に投獄され、その2年後、79歳で獄中死している。

なお、妻のペッグは、2012年の地元紙によるインタビューで、預金3万ドル（約330万円）を凍結され、月約1000ドル（約11万円）の社会保障金で細々と生活し、天国から地獄への転落を味わっていると嘆いていた。記者に対し、自分は夫の被害者だと言い張ったが、10数年も一緒に暮らして、夫の犯行を知らないはずはなく、周囲の多くの被害者から疎外されている。

7 ヘッジ・ファンドのポンジ・スキーム

石川五右衛門は辞世の句、「浜の真砂《まさご》は尽きるとも世に盗人の種は尽きまじ」を残した。

海辺の無数の砂がなくなっても、世の中に泥棒がいなくなることはないと、予言したのだが、まさにその通りであり、その後、人を騙す様々な巧妙な手口が、絶え間なく使われている。

これを示したのは、ヘッジ・ファンドをもとに利用したポンジ・スキームである。ヘッジ・ファンドは、様々な取引手法を駆使して、市場が上下しても利益を得ることを目的としている。これをもとに、投資家から5億5000万ドル（約600億円）を詐取したのは、サム・イスラエルである。彼は、著名な商品取引トレーダーの孫に当たり、ニューオーリンズ市のユダヤ人の名家に生まれている。

イスラエルは、1996年に「バイユー・ヘッジ・ファンド・グループ（以下、バイユーと略）」を創立し、ゴールドマン・サックス社などの業者を通じて、巨利を上げて一躍、業界の脚光を浴びた。その手法として、「フォワード・プリパガション（将来伝播《でんぱ》）」というもっともらしいプログラムを作った。この利益を確実に生む計算システムによって、市場の動向を86％の正確さで予見できると掲げて、投資家を広く集めていた。

このプログラムは、40％の利益を上げていると公表していたが、実際は14％の損失を出していた。仕組みは巧妙で、投資ファンドと、これと取引する仲介業者の2つの組織を作り、仲介業者から多額のリベートを投資ファンドに支払うことによって、投資ファンドが非常に儲かるように装っていた。方や仲介業者は、イスラエルが単独のオーナーなので、誰もがその実態を疑おうとしなかった。

当初は、メイドフのようにポンジ・スキームを初めから仕組んだのではなく、投資をして失敗している内に、損失が日増し膨らんで、ポンジ・スキームに切り替えざるを得なかった。そこで、外見を装うため、今まで自宅の地階で営業していた会社を、多くのヘッジ・ファンド業者が集中するビルに移した。

さらに、虚偽の決算を隠蔽するため、決算を保証する架空の公認会計事務所までも設立する。その事務所に、もっともらしい社名をつけ、それを名詞や便箋にまで付し、この別会社によって、バイユーの決算を信用させていた。さらに集めた預かり金を流用して、既存出資者に月1~3%の高配当を支払ったので、客は雪だるま式に増えていった。2000年に、資産は1000万ドル（約11億円）に膨れ上がったものの、損失は2004年には1億ドル（約110億円）にまで急増していた。

その間、膨らむ損失にイスラエルは精神的に参り、ウオッカを痛飲したり、コカインを使って、苦痛を和らげていた。それに耐えられなくなった妻は、彼を家から追い出した。

2005年8月になると、大口投資家が、投資金5300万ドル（約58億円）の返済を求めたのに対し、返済できなかったのを機に、悪事の全貌がついに暴露された。2005

年9月29日、イスラエルは裁判にかけられて、禁固20年の刑を受けたが、その後、行方をくらますのだ。

２００８年6月10日、ニューヨーク市北方のベア・マウンテン州立公園内の橋上に、彼の車が発見された。自動車のボンネット上には、「自殺は無痛だ」と書き残してあった。警察が現場一帯を捜索すると、遺体が見つからないので、彼の名が最重要指名手配リストに載せられた。

この自殺は、イスラエルの偽装であり、愛人のデボラ・ライアンが用意したキャンピングカーで逃亡していた。ライアンへの厳しい尋問の結果、マスチューセッツ州グランビルのキャンプ場にいることが突き止められた。母親に勧められたこともあって、イスラエルは２００８年7月2日に自首した。

裁判では、9回にわたる背中の手術と鎮痛剤の服用、それにペースメーカーの植え込みを理由に、裁判官に減刑を願ったが、聞き入れられなかった。２００９年7月15日に、逃亡の罪で、20年の刑期に2年を追加され、ノース・カロライナ州のバトナー刑務所に入獄する。この刑務所は、皮肉なことに、同じポンジ・スキームで服役しているメイドフと同所なのである。イスラエルが出獄できるのは２０２７年9月12日であり、愛人ライアンは逃亡幇助罪《とうぼうほうじょざい》で、3年の執行猶予の判決を受けている。

ところで、名うてのペテン師イスラエルともあろう者だが、大金を失う詐欺にも遭っている。相手はロンドンに本拠を持つロバート・ニコルスである。彼は、イスラエルが子供に見えるような世界を股にかけた悪辣な詐欺師なのだ。CIAの工作員と自称しており、まるで映画の登場人物、ランボとジェームズ・ボンドを混ぜ合わせたような剛腕の策士である。

ニコラスが、彼に信じ込ませたのは、市場に〝秘密の市場〟があり、それをFRB（連邦準備制度理事会）が、投資家の損失を補うために密かに運営しているということだ。その陰の市場は、大金持ちたちの資金で運用されており、これに参入すれば、2週間で100%の利益が得られると吹聴した。これは全くのでっち上げであり、山下奉文大将が率いる日本軍によって、終戦時、フィリピンに埋められた莫大な埋蔵金、山下財宝の都市伝説に例えられよう。

イスラエルは、これに参入すれば、バイユーの損失が一挙に取り返せると思い込んで、ニコラスのホラ話を信じ切った。そこで1000万ドル（約11億円）をロンドンの彼に送金し、大きな見返りを期待していたが、そっくり騙し取られるのだ。

ニコラスは、その大金を隠してトンずらし、後に米連邦地検が、詐取金を取り返すため、彼の行方を懸命に捜したが見つからなかった。後に彼は、スイスのホテルで、心臓まひにより死んだと伝えられている。

ともかく、多数の投資家を騙した、名うての詐欺師イスラエルを、見事に騙したニコラスは、世の中には、上には上があることをよく示している。

第4章◉ロビイストのスキャンダル

1 ロビー活動とは

アメリカには、他国に見られないほどの広範なロビー活動（lobbying）が見られる。ロビー活動とは、個人あるいは団体が、政府の政策に影響を及ぼすために、議会議員や政府職員、公務員などを対象に行う政治活動である。ロビー活動を行う人はロビイスト（lobbyist）と呼ばれている。

このように政府あるいは公的機関に対して行う活動は、1791年に制定された米国憲法修正第1条に明記される言論の自由と政府に請願する権利に基づき、認められている。ロビー活動は政府や議会のみならず、州や市でも行われるが、特に問題にされるのが、影響力が強い国会議員への働きかけである。

ワシントンのロビイストの多くは、事務所を同市の、Kストリートに構えていることから、〝Kストリート・ロビイスト〟と呼ばれている。1970年代から、国家管理が強まるのに比例して、その数と規模は増大し、ロビー活動は活発になった。

ロビイストの数は、週刊誌『ザ・ネーション』によれば、2014年当時、公的に登録されているだけでも1万2281に上り、地下で活動している者の数を加えると政治アナリストのジェームズ・サーバーによれば、約10万人と推測される。個人や団体もあれば、法律事務所が法務と兼務するところもあり、規模も大小様々だ。規模の大きい所では、従業員510人を抱えているロビイストもあり、その内の260人が弁護士や政治コンサルタントだ。また、ロビイストたちの総収入は、年間、約90億ドル（約1兆円）に達するほど膨大である。

ロビイストの最大目的は、政府高官、特に議員とスタッフ、それに規制機関職員が下す決定に影響を与えることなので、その権限を持つ議員や職員などとのコネクション、つまりコネがモノを言う。

そのコネを作る方法は多岐にわたっている。まず、目標とする議員や職員を、その職を辞めたら高給で迎えると、普段から巧みに勧誘する。相手が、将来の職を約束されたことに同意すれば、しめたものだ。あるベテランのロビイストによれば、これは、あたかも「その人を所有した」ことになるという。その議員や職員が現職にあっても、後にロビイストの誘いに乗って雇用されることに応じれば、その議員に対して、大きな影響力を持つことになる。

あるいは、ロビイストは、有力議員とのネットワークを、根気よく創り上げることで信用を勝ち取り、親しくなる。そのために、ロビイストの費用で、海外旅行やゴルフ、あるいはビッグ・スポーツ・イベントに誘って懇意になる。中には、接待するために、わざわざワシントンにレストランを開店して、頻繁に議員を招待し、タダで彼らに利用させていた例がある。なかなか要望に応じない議員がいれば、議員のために資金募集パーティを積極的に開いて資金を集め、大手献金者となって歓心を買うこともある。

ロビイストになれば、裕福になりやすいので、1980年代から見られる現象は、その宝の山を目指して、議員や職員が辞職した後で、ロビイストになる事例が増加していることだ。古参でない中堅の議員でも、辞めてロビイストになれば、年収1億ドル（約110億円）ほどが約束されるといわれるほど、うまみのある仕事なのである。事実、消費者保護団体、パブリック・シチズンの調査によれば、1998年以来、辞職した198人の議員の内、約43％もがロビー活動に従事したそうだ。

その好例は、共和党のボッブ・リビングストンである。彼は下院予算委員会委員長の要職を務め、下院議長候補までになった大物だ。『ワシントン・ポスト』紙の調査によれば、彼が1999年に辞職して創立した「リビングストン・グループ」は、創業から2004年までの6年間に、4000万ドル（約44億円）の売り上げを上げて、ロビー専門業者としての規模を12位までにのし上げている。妻とともに、PAC（政治活動委員会）を通じて行った政治献金は、50万ドル(約5500万円)にも達したという。

片や民主党では、多数派院内総務を務め大統領候補にもなった大立者ディック・ゲッパードは、2005年に議員を辞職すると、ロビイストになり、2007年に「ゲッパード・ガバーメント・アフェアーズ・グループ」を設立し、多くの大手顧客を取り込んだ。その中にはゴールドマン・サックス社やボーイング、ビザといった超一流企業があり、2010年には700万ドル(約7億7000万円)の収益を上げた。

また、ジョージ・W・ブッシュ元大統領の下で、副大統領を務めたディック・チェイニーは、軍事関係のロビイストになっており、その他、多くの名だたる議員が、辞職後、ロビイストに転じている。中にはエリック・ホルダーのように、オバマ政権で史上初の黒人司法長官を務めた人物が、ロビイストになった例もある。

辞職した議員や職員とロビイストの間の、出入りを繰り返すことを、業界用語で〃回転ドア(revolving door)〃と呼んでいる。この語が示すように、相互は頻繁に出入りが行われている。ある調査によれば、2011年までの10年間で、ロビイストになった元議員は約400人に上り、元議員スタッフは、通算約5400人に達したという。ロビー専門業者にとって、彼らが立法段階で得た経験とコネを利用できることは、強力な武器なのである。

一方、現役の議員やスタッフも、経験を積んだ優秀な人材を集めたロビイストを利用できるメリットがある。

逆に、ロビイストから議員のスタッフに転ずる例もあり、こうした例は2006年から10年間で605人もいるという。まさに目まぐるしい回転ドアの様相を呈している。

こうなれば、ワシントンの政治は、一般人よりもはるかに裕福な大企業が、より強大な権力を持つようになる。その結果、民間人はないがしろにされ、政治は一部エリートに支配された仲良しクラブだと批判されるのは、もっともなのである。

ワシントン政界は、金持ちがますます金持ちになり、貧者はますます貧者になる、つまり金持ちを優遇する社会になっているとする。別言すれば、お金を多く持ち、政界とのコネが強い者ほど、他よりも大きな影響力を行使できる。そこで一部から、ワシントン政治はお金にまみれていると、非難されるようになっている。

これに対し、ロビー活動の支持者は、「政治家が、利益団体や選挙区の利益に沿った政策を唱えるのは当然であり、ロビイストは、その手助けをしているに過ぎない」と擁護する。また、「議員や官僚は、法案や案件について知識を充分に持っていないことが多いので、専門知識が豊富なロビイストを介して、情報提供を受けるのは当然である」とも主張している。事実、新参の議員は、法案を発議するのに不慣れなので、エキスパートであるロビイストの助けを借りざるを得なくなっている。

この行き過ぎた活動を取り締まる法律が、今まで度々制定されてきたが、何れもザル法で、いくら規制しても抜け道があり、実効を上げていない。民主党のラス・ファインゴールドは、議員とロビイストの癒着関係を見かねて、上院議員在籍中、旧議員の特権とされている、上院や下院の議場やジムなどへの立ち入りを認めないことを提案したほどだ。

ところが、2016年の大統領選挙で大統領に当選したドナルド・トランプは、女性蔑視の発言で世間の顰蹙《ひんしゅく》を買ったが、意外にもロビー活動の行き過ぎに、建設的な改善策を提案している。

すなわち、一つ目は、行政府の官僚が退任すれば、5年間はロビー活動を禁止すること。二つ目に、議会が自ら進んで、元議員やそのスタッフのロビー活動を5年間禁止する。三つ目は、政府高官が退職して、実質的にロビイストであるにもかかわらず、隠れ蓑としてコンサルタントやアドバイザーを名乗るのを禁止する。

この3つの提案は、トランプ大統領には多くの失言があったとはいえ、ロビー活動の改善を強く求めているグループから高い評価を受けている。

2 ロビー活動に着眼したユダヤ人

このロビー活動が政治に与える影響に着目し、巧みに利用したのはユダヤ人である。それには立派な理由がある。現在、アメリカには約670万人のユダヤ人がいるとされているが、その内の約200万人は、19世紀後半から20世紀初頭にかけて、東欧のポグロム（集団的迫害行為）を逃れて移住してきた人たちだ。アメリカに来住して、最も懸念したのは、東欧で受けていたような偏見や迫害である。

当初は、ユダヤ人に対する偏見が広く見られたものの、やがて彼らが映画やマスコミ界に進出した上に、金融界にも確固たる地盤を築き始めるに及んで、そうした偏見は薄らいできた。

ユダヤ人は、ハリウッドで4大映画制作会社を創設し、それから派生した3大ネットワーク、ABC、CBS、NBCを経営している。さらにユダヤ人は、有力日刊紙『ニューヨーク・タイムズ』紙も所有し、一流ジャーナリストと出版者の約25％がユダヤ人である。それ以外に、過去30年間、主要大学に属する教授の約20％、ニューヨークの主要法律事務所のパートナー（共同経営者）の約40%も彼らが占めている。これらの指導的地位に就くユダヤ人たちは、1960年代以降、アメリカ社会全体に大きな影響を及ぼすようになった。アメリカ第47代副大統領のジョー・バイデン（非ユダヤ人）は、いみじくも、「アメリカの社会政治上の変化の85%は、ユダヤ人が率いるハリウッドとソーシャル・メディアなどがもたらしたものである」

と断言しているほどだ。

この広範にわたる影響力によって、ユダヤ人は見直され、彼らに対する偏見の度合いが減り、加えて、1980年代の金融界において、企業のM&Aの主役になるほど強大な力を持つに至って、社会に多大な影響を与えるようになった。その結果、ユダヤ人の関心事は、より高い次元の政治に向けられ、豊富な金融力に支えられて、様々なユダヤ系ロビー団体が形成された。主なものだけでも34も結成されており、議会や政府に強い圧力をかけている。

ビル・クリントン元大統領が1996年に再選された際、ユダヤ人だけで、彼の選挙資金の50%を賄っている。また、2000年に行われた大統領選挙で、共和党のジョージ・W・ブッシュが、民主党の現職副大統領アル・ゴアを破って当選した。その際、『マザー・ジョーンズ』誌が、大統領選挙運動への最高額寄付者400人を調査したところ、最上位10人中7人、さらに上位250人中125人までをユダヤ人が占めていたという。

こうしたことから見ても、彼らの政治的関心がいかに高く、その影響力がどんなに強いかがよくわかると思う。

やがて、ユダヤ人は主眼を、母国と慕うイスラエルへの支援に置くようになった。それに伴い、そのロビー活動の目的は、個人からの多額の寄付金に支えられて、アメリカとイスラエル間の政治と経済上の連携を強固にし、イスラエルの対近隣アラブ諸国との政治交渉や武力衝突を強力に支援することになっていった。

最大のロビー団体は、長たらしい名前だが、アメリカン・イスラエル・パブリック・アフェアズ・コミティ（American Israel Public Affairs Committee 略称、AIPAC）と、コンファレンス・オブ・プレジデンツ・オブ・メイジャー・アメリカン・ジューイッシュ・オーガナイゼイションズ（Conference of Presidents of Major American Jewish Organizations 通称、CoP）の2つである。

AIPACは、アメリカ議会に対するロビー活動を行っており、大統領はその全国大会に出席することが義務づけられているほど無視できない存在だ。CoPは、大小様々なユダヤ系ロビー51団体を統合・代表して、アメリカ政府の行政部門と交渉しており、多大な成果を上げている。

このようにユダヤ人ロビーは、強力な圧力団体に成長しており、それを端的に示すのが、アメリカからイスラエルへの資金援助額である。アメリカはイスラエルに対し、毎年30億ドル（約3300億円）の無償資金援助をしており、これは、海外総援助額の約5分の1に相当する。イスラエルの個人所得が、スペインや韓国と同水準であることを考えると実に多い。2015年会計年度の場合、31億ドル（約3400億円）を軍事援助として与えているだけでなく、両国共同ミサイル防衛計画の一環として、さらに約6200万ドル（約70億円）を援助している。

このようなエコ贔屓《ひいき》ともいえる援助に、南アフリカの1984年度ノーベル平和賞受賞者、デズモンド・ツツ元大司教は、

「アメリカではイスラエルが特別待遇を受けていると批判すると、すぐに反ユダヤ主義だと非難される。アメリカ人の間違いを間違いだと言えないのは、ユダヤ人ロビーが強力だからだ」

と忌憚なく批判している。

さらに、世間を驚かしたのは、2016年9月14日に、アメリカ政府がイスラエルに対し、2018年から10年間にわたり、アメリカ史上、最大の380億ドル（約4兆円）を軍事援助すると確約したことだ。先の31億ドル支援の失効に伴うものだが、380億ドル

の内、50億ドル（約5500億円）はミサイル防衛システムに充てられる。

オバマ大統領は、この破格の援助について、「イスラエルの安全保障に対する不動の取り組みの表れだ」と述べている。ユダヤ系主要ロビー団体も、アメリカがイスラエルを本腰で支援したことを歴史的快挙だと激賞した。この画期的な援助は、ユダヤ系ロビイストの多大な努力の成果によるものと言える。

また、イスラエルの前大統領で、ノーベル平和賞受賞者のシモン・ペレスは、2016年9月28日、93歳で逝去したが、同国での国葬に、オバマ大統領がわざわざ参列したことから見ても、アメリカのイスラエルに対する親密度がよく分かると思う。それもユダヤ系ロビイストの強い影響力がもたらしたものである。

これだけロビイストが、政治力に与える影響が大きくなると、当然のことながら、彼らを利用する個人や団体が多く現れてくる。と同時に、顧客をカモにして、大金を騙し取る悪者が出現する。その代表格が、他ならぬジャック・エイブラモフなのである。

3 悪名高いエイブラモフ事件

ロビイストの行き過ぎた活動として、極端な悪例となったのは、ユダヤ人のジャック・エイブラモフである。彼によって、アメリカ議会史上、空前の汚職事件は、議員12人と議員スタッフ数十人が巻き込まれる大スキャンダルとなった。エイブラモフは、共和党を中心に、広範にわたって辣腕を振るったことから、「共和党のスーパー・ロビイスト」のあだ名がついたくらいだ。

エイブラモフは、1959年にアトランティック・シティ市に生まれ、父はクレジット・カードのダイナーズ・クラブの社長だった。そのコネを悪用して、有力人とのつながりを多くつくり、数々の悪事を犯した。

ユダヤ系名門校、ブランダイス大学に入学し、その間、学生運動に積極的に参加して、共和党を支持する大学生の団体、CRNC（College Republican National Committee）の委員長に就任している。この団体は、著名な共和党の活動家や党員を多く輩出していることで有名である。エイブラモフは、委員長をしている間に多くの知己を得て、これが後の活動に非常に役立っており、その中に、事件で共犯となるアダム・キダンもいた。

1981年に、ブランダイス大学を卒業後、ジョージタウン大学に転じ、1986年に卒業している。1989年に、兄とともに反共アクション映画『レッド・スコルピオン』を製作した。当時アパルトヘイト政策下にあった南アフリカ政権は、対立するネルソン・マンデラが率いるANC（アフリカ民族会議）の名を傷つけるため、この映画制作に資金援助を行っている。

エイブラモフは、その際に知り合った南ア出身のラバイ（ユダヤ教指導者）、デイビッド・ラピンに傾倒し、ラピンの紹介で、後にエイブラモフの強力な後ろ盾となる、トーマス・ディレイ下院議員と知り合った。ディレイ議員はテキサス州選出であり、1995年に下院多数党院内幹事を経て、2003年に下院多数党院内総務になった政界の実力者である。

エイブラモフは、1994年にロビイストとして、シアトルのプレストン・ゲーツ&エリス法律事務所（以下、プレストン・ゲーツと略）に雇用され、ここを足場に多数の有力顧客と知り合って、将来のビジネスに大きくつなげていく。

サイパン島事件

1995年にプレストン・ゲーツで、エイブラモフの最初の客となったのは、北マリアナ諸島自治連邦区（サイパン島やテニアン島のアメリカ自治領、CNMIと略）である。同地とのつながりができたのは、父親、フランク・エイブラモフのお陰である。フランクがダイナーズ・クラブの社長だった頃、CNMIにカジノを創設すべく、何度か同地を訪れた際に、知り合った現地有力者を、息子のエイブラモフに紹介したことが役立っている。

プレストン・ゲーツに勤務していた頃に、彼の優れた能力に惹かれて、多くの客を取り込んだ成果で、エイブラモフは時給750ドル（約8万3000円）、年収100万ドル（約1億1000万円）を稼ぐようになった。

ところが、彼はこれで満足せず、2001年にプレストン・ゲーツを離れて、より規模が大きいグリーンバーグ・トラウリッグ法律事務所（以下、グリーンバーグと略）に移った。その際、CNMIだけでなく、プレストン・ゲーツの主要客の半分に相当する、計約600万ドル（約6億6000万円）の商権を持ち出した。そこで、CNMIのロビー活動に本格的に取り組むのである。

CNMIの中のサイパン島は、観光業が主要な収入源だったが、2007年以来、アパレル産業が次第に取って代わるようになった。そのわけは、当時、アメリカが輸入する外国繊維製品には高税が課せられ、国別の厳格な数量割当制が実施されていた。ところが同地は、「メイド・イン・USA」のラベルを表示できる利点があった。それを目ざとく見つけた中国の大手アパレル・メーカーたちが、サイパンに多くの工場を設立し、低賃金の中国人労働者を多く送り込んで生産を始めたためである。

サイパン島で生産された繊維製品は、アメリカ産と表示できる上に、米国最低賃金法の適用を免れることができた。中国人の労賃が安いことから価格競争力があり、アメリカ本土向けの輸出が急増した。アメリカの名だたるブランド、リーバイ・ストラウス、ラルフ・ローレン、アバクロンビー&フィッチ（通称、アバクロ）などが、競って同地を生産基地として利用し出した。間もなく、それまでの主要な収入源だった観光業を凌駕するほど、増大したのである。

ところが、サイパンの生産に従事している中国人の労働環境は劣悪であり、労働者は奴隷のように扱われていた。彼らのパスポートは取り上げられ、時給3ドル（約330円）で、週7日、12時間勤務シフトで酷使されただけでなく、休日は有刺鉄線《ゆうしてっせん》に囲まれた宿舎に閉じ込められて、外出を許されなかった。

これが人権問題として、メディアに大きく取り上げられたので、米議会は、それまで免除されていたアメリカ労働法や最低賃金法を、CNMIにも適用しようとした。だが、これが適用されれば、CNMIにとっては経済上の死活問題である。窮地に追い込まれたCNMIは、エイブラモフに適用を免れるようロビー活動を依頼する。その報酬として、1

995年から2001年にかけて、エイブラモフに対し、670万ドル（約8億円）を支払うことになった。

依頼を受けたエイブラモフは、朋友のディレイ議員を動かし、1997年に彼と帯同して、わざわざCNMIに出向いて実地調査を行った。2000年に、上院がCNMIに対し、労働法と最低賃金法を適用することを決議したが、下院院内幹事のディレイ議員は、下院に本法案を審議させなかった。それだけでなく、ピーター・ホークストラ議員が実態調査のためCNMIに赴こうとしたところ、ディレイ議員は、彼に下院小委員会の委員長を辞めさせると脅して、出張を取りやめさせている。

エイブラモフは、彼とスタッフを引き連れて、スコットランドの名門コース、セイント・アンドリューズでのゴルフをアレンジし、その費用を全額負担するなど、適用阻止のため、ディレイ議員に数多くの便宜を供与している。

しかし1999年になると、サイパンの縫製工場の労働組合と非政府組織（NGO）の2団体が、労働者約3万人を代表して、同島縫製工場23社とアメリカ小売業者を相手に集団訴訟を起こした。その結果、2004年に2000万ドル（約22億円）で和解したのを契機に、同島の縫製工場は、最盛期の2004年に36社だったのが、2009年1月15日をもって最後の1社が閉鎖した。

ネイティブ・アメリカン問題

２００1年1月8日にエイブラモフが、グリーンバーグに移る際、プレストン・ゲーツのメンバー数人を引き抜き、ディレイ議員の旧スタッフ、トニー・ルディーも加えて、「チーム・エイブラモフ」を結成して、組織内の地盤を固めた。

エイブラモフの辣腕によって、グリーンバーグのロビー活動に占める収入は、彼が入社した２００1年に１６２０万ドル（約18億円）だったのが、翌２００2年には１７７０万ドル（約20億円）に増え、２００3年には２５５０万ドル（約28億円）と急増した。その結果、グリーンバーグは、ロビイスト・グループとして、16位から4位にのし上ったのである。

また、開発途上国の元首は、アメリカ大統領と面談することを求めたがるが、大統領が多忙なため、よほどの事由がない限り会えない。そこで、勢いロビイストの力を借りることになる。

２００3年、エイブラモフは、西アフリカ、ガボンのオマール・ボンゴ大統領のたっての願いで、ジョージ・W・ブッシュ大統領（当時）との会談をアレンジし、２００4年5月26日にアメリカ大統領執務室での会談実現させた。その報酬として、９００万ドル（約

10億円）を受け取り、自分の会社、グラスルーツ・インターアクティブ社に密かに払い込ませている。

さらに、マレーシアのマハティール・ビン・モハマド首相を、ブッシュ大統領に面談させている。その際のエイブラモフへの報酬は、120万ドル（約1億3000万円）とされている。

プレストン・ゲーツの頃に、CNMI問題を片付けた後に、ネイティブ・アメリカン問題を手掛けていたが、移籍後、この商権の拡大に本格的に取り組む。ついには、これで総計8500万ドル（約100億円）を巻き上げるほどのぼろ儲けとなるのだ。

そもそもエイブラモフとネイティブ・アメリカンの関係ができたのは、前職で知り合ったネイティブ・アメリカン、アラバマ・チョクトー族が縁だった。同族は、もともとアメリカ南東部のミシシッピー川河口域に住んでいたが、アラバマ州に強制移住させられ、定住した先でカジノを経営していた。このカジノの賭博を巡るトラブルを解決したことである。

彼がこの問題を担当するきっかけは、たまたまチョクトー族の顧問、ネル・ロジャーズがエイブラモフの父と知り合いだったからだ。1994年初頭、同族が、それまでこうした問題は共和党の代議士を通じて解決を図っていたが、彼らが引退したか、あるいは落選したかで、思うように捗らなくなったので、エイブラモフに依頼することになった。

ロビー活動の目的は、ネイティブ・アメリカンのカジノに対する課税法案の通過を、阻止することにあった。チョクトー族の希望通りに、この法案通過の阻止に成功したが、ロビー専門誌『ワシントン・ビジネス・フォワード』によれば、それにはディレイ議員の強力な協力があったという。これを契機に、2人の間に、ますます固い絆が生まれ、ディレイは「エイブラモフは、僕のかけがえのない親友の1人だ」と語るほどになる。

エイブラモフが、ネイティブ・アメリカンの難問を鮮やかに解決した実績から、他のネイティブ・アメリカンも、問題が起こると、その解決を彼に依頼するようになった。プレストン・ゲーツ在籍当時、51の顧客中4人だったネイティブ・アメリカンが、グリーンバーグでは24顧客中、7人も占めるようになる。

しかし、ネイティブ・アメリカンにかかわる問題を、彼が一手に引き受けるようになって、取り扱い金額が急増したものの、これに深く携わったことが、かえって命取りになってしまうのだ。

スカンロンと手を結ぶ

2001年、エイブラモフにロビー活動を依頼した新規客は、ルイジアナ州でカジノを経営するコウシャッタ族である。当時、同族は、州政府と25年間の賭博認可契約の交渉を進めていたが、州政府内の強い反対で難航していた。そこで、この州次元の問題は、連邦政府の助けを得れば解決できると考えて、エイブラモフに接触する。

これを機に、エイブラモフはディレイ議員の補佐官だったマイケル・スカンロンと手を結ぶ。スカンロンは、1994年以来、多くの議員に仕えた後で、ディレイ議員の補佐官を務めたので、政界に豊富な人脈を持っている。一時は「チーム・エイブラモフ」の一員だったが独立して、自分の会社、キャンペイン・キャピタル・スタラテジーズ社（CCS）を立ち上げている。エイブラモフの狡猾さとスカンロンの顔の広さが相まって、歯車がかみ合うようになった。彼らは儲けが出た場合は、山分けすることを、すでに取り決めている。

2人はコウシャッタ族に対し、これまで上げた数々の実績や高官との強いコネを説明して説得に成功し、同族との契約に成功する。その報酬として、エイブラモフに対して、月間12万5000ドル（約1400万円）プラス経費の長期契約を締結し、スカンロンの会社CCSへはこれとは別に53万4500ドル（約5900万円）の契約を結んだ。コウシャッタ族は、グリーンバーグと契約したと思っていたが、実際は、2人が内緒で報酬を着服していたのだ。ともあれ、2人の広範な働きかけで、2001年7月、ルイジアナ州政府にコウシャッタ族の賭博契約を認可させた。

これに味を占めたエイブラモフとスカンロンは、コウシャッタ族から、さらにお金をしぼり取ろうとする。同族には今一つの難問があった。ルイジアナ州のコウシャッタ族には、アラバマ・コウシャッタ族という分派があり、隣のテキサス州東部でカジノを開設しようとしていた。これが実現すれば、コウシャッタ族の大事な顧客が、隣州のテキサスへ多く越境するので、大きな脅威となる。

テキサス州では賭博が禁止されていたが、同州に住むティグア族は、1987年の「インディアン復活法」によって、カジノは開業できるとして、1993年にエル・パソ市で強引にカジノを開業していた。しかし、これを違法としたテキサス州政府と裁判沙汰になり、長い係争が続いていた。一方で、ティグア族は州議会を動かして、カジノ開設の特別法案を通過させようとしていた。

この法案が通過するとティグア族だけでなく、分派アラバマ・コウシャッタ族のカジノも認可されることになる。そこで、2人は、ティグア族のカジノ開発法案が不通過になるように工作すると約し、その費用として400万ドル（約4億4000万円）を受け取った。その支払いを、スカンロンの経営するCCSに払い込ませて、折半する。

不許可にするために、エイブラモフは、「草の根運動」と称して、保守的なキリスト教徒が賭博に反対するのを利用して、牧師や信者にカジノ開設への広範な反対運動を展開した。さらに権限を持つ州副知事、ビル・ラットクリフに直接働きかけた結果、これが功を奏し、法案通過を阻止することに成功した。敗北を見たティグア族は、2002年2月12日をもって、カジノを閉鎖せざるを得なくなり、同時に分派アラバマ・コウシャッタ族のカジノ計画もボツになった。

ところが、エイブラモフは、悪知恵に非常に長けた男だ。驚くことに、コウシャッタ族が大切な顧客であるにもかかわらず、2002年2月6日に、今まで敵に回していたティグア族に、二心を抱いて接近するのだ。良心のかけらもない裏切り行為である。ティグア族に対して、同族が受けた仕打ちに深い同情を示した上で、彼らに正義をもたらすように工作すると、言葉巧みに勧誘した。

そこで彼は、ティグア族が500万ドル（約5億5000万円）超を提供すれば、関係議員を動かして、カジノ再開の条項を連邦法案の付帯事項として忍び込ませると述べた。一方で、パートナーのスカンロンは、下院多数党院内総務のディレイ議員などとの密接な関係を吹聴し、エイブラモフは献金先の関係議員名簿を提供して安心させた。納得したティグア族は、彼らの提案を受け入れ、その工作費として、とりあえず420万ドル（約4億6000万円）を支払う契約書にサインする。

その後、エイブラモフは、パートナーのマイケル・スカンロンと計らって、ネイティブ・アメリカンのカジノが課税されるという不安に乗じて、2000年〜2003年に、ティグア族だけでなく、他のネイティブ・アメリカンからも、総計8500万ドル（約94億円）を巻き上げたのである。

しかし、エイブラモフは、ネイティブ・アメリカンのために何ら活動をせずに、ロビー工作を名目に彼らを騙し、事実上、お金を盗んだに等しかった。しかも、ネイティブ・アメリカンが大事な顧客でありながら、彼らを陰では、〝モンキー〟や〝類人猿〟呼ばわりしていた。

回りの友人たちが驚いたのは、スカンロンがまだ30歳台でありながら、にわか金持ちになったことだ。著名な避暑地、デラウェア州南部のレホボスビーチの海岸沿いに500万ドル（約5億5000万円）もする豪華マンションを購入し、そこからヘリコプターで職場に通い始めたのだ。このような身分不相応の派手な生活が、世間に広く知られるようになり、後に逮捕されるきっかけとなった。

エイブラモフは、騙し取った8500万ドル（約94億円）を、そのまま懐に入れたわけでなく、共和党議員を手なずけ、物事が有利に運ぶための資金として一部を使っている。大半の関係議員は、彼から賄賂を受け取っており、1999年以来、主に共和党議員25

0人に対し、着服した8500万ドルの内、計440万ドル（約4億4000万円）超をばらまいている。中には15万ドル（約1500万円）も受け取った議員もいれば、議員の妻がまず6万6000ドル（約730万円）を受け取り、その後も続けて2万7000ドル（約300万円）を受け取っていたこともあった。

これまで依頼された法案を通過させるため、多くの関連議員や連邦職員を抱き込まなければならず、エイブラモフはあらゆる手段を講じている。ワシントンに自分が所有する高級レストラン「シグナチャー」2店を設け、そこで高価な食事を議員に振る舞い、彼らが無料で利用できるようにしていた。また、彼らにコンサートのチケットを提供したり、プロ・スポーツイベント観戦のため、年間100万ドル（約1億1000万円）もする、主要球場の特別観覧席を4箇所も契約して、自由に利用させていた。

しかし、2人の悪辣なやり方が長く続くはずはなく、2005年になると、ついに司直の手が入り、パートナーのスカンロンは、2005年11月18日に起訴され有罪を認めた。議員や関係者への贈賄を白状し、パートナーのエイブラモフを共犯として名指《なざ》した。同月21日には1960万ドル（約21億5000万円）を、顧客のネイティブ・アメリカンに返却させられた。長引いた裁判が2011年2月11日に結審し、禁固20か月と300時間の社会奉仕を命じられた。彼が比較的、軽い刑ですんだのは、検察側に全面的に協力し、エイブラモフのスキャンダルに関係した20人の検挙を助けたからである。

名指しされたエイブラモフは、2006年1月3日に起訴され、ネイティブ・アメリカンから大金を詐取したかどで、禁固6年に加え、チョクトー族へ2500万ドル（約28億円）の返金を命ぜられた。それ以外に脱税容疑で、IRS（内国歳入庁）に170万ドル（約1億9000万円）を支払わなければならない。

その後2008年9月4日にワシントンの地方裁判所で行われた裁判では、エイブラモフが議員やスタッフに高額なギフトをし、食事に接待して、海外旅行費を負担した贈賄のかどで、先の禁固6年に加えて、禁固4年を追加された。

政府次官が関与

検挙された後に、エイブラモフは他の共犯を白状し、検察側と協力した結果、政府高官や議員とスタッフが起訴され、多くが有罪となった。その中に、行政府の高官、内務省次官のスティーブン・グリルズがいる。彼が管轄する部署は、ネイティブ・アメリカン問題を取り扱っていた。

先に触れたが、重要顧客であるコウシャッタ族に、アラバマ・コウシャッタ族という分派があり、テキサス州東部でカジノを開設しようとしており、設立されれば、客が隣州のテキサスへ多く越境するので影響が大きい。

そこでエイブラモフは、これに反対するため、グリルズに猛烈に働きかけた。その結果、グリルズは自分の権限を最大に生かして、阻止すると約束した。その見返りとして、退職後、グリルズを雇用することを確約した。その際、彼の要請で、保守政治団体、CREA(Council of Republicans for Environmental Advocacy)に40万ドル(約4400万円)を献金させられた。このCREAは、イタリア・フェデリチが経営していた。ところが彼女は、グリルズの政治顧問を務めながら、グリルズとエイブラモフの橋渡し役を担っただけでなく、実はグリルズと愛人関係にあったのだ。

その後、2007年6月26日の裁判で、グリルズは、上院委員会で証言した際に偽証した事実を認めた上で、エイブラモフから賄賂を直接受け取っていないことを理由に寛大な判決を涙ながらに訴えた。だがエレン・フーベル裁判官は、彼が言い訳ばかりして、反省の色が見えないと非難し、エイブラモフとの汚職のかどで、禁固10か月と3万ドル(約330万円)の制裁金の刑を下した。

さらに、愛人のフェデリチも、2007年12月の裁判で、2001年~2003年の所得税不払いの事実と、エイブラモフとの癒着関係を認めて、4年の執行猶予期間と7万7243ドル(約850万円)の追徴課税の支払いを命ぜられた。彼女が予想外の減刑を受けたのは、検察に全面的に協力したからである。

大物議員が共犯

この汚職は、止まるところを知らずに広がっていく。エイブラモフとの癒着関係で共和党のボッブ・ネイ議員も２００７年１月に禁固30か月の有罪となった。彼は下院の総務業務を監視する下院管理委員会の委員長を務めた大物だ。国会議事堂の総務全般を見ていた関係から、〝国会議事堂の市長〟のあだ名をつけられていた。

エイブラモフが、ネイ議員と取り組んだのも、ネイティブ・アメリカン問題である。先述のテキサス州のティグアア族は、エル・パソ市でスピーキング・ロックスというカジノを運営してきたが、２００１年11月に閉鎖を命じられた。２００２年３月、エイブラモフに、閉鎖されたカジノを再開する政治工作を依頼した際に、彼はボッブ・ネイ議員に助けを求めた。

それは、ネイ議員が立案した法案に、同族のカジノ開設許可の法案を挿入し、相乗りさせることだ。エイブラモフは、２００２年８月に、ティグアア族の代表をネイ議員に引き合わせて、法案が間違いなく通過すると安心させた。

そこでネイ議員は、ティグアア族に自分の選挙運動に２０００ドル（約22万円）、ＰＡＣ

（政治行動委員会）に3万ドル（約330万円）払い込ませた上で法案の通過を試みた。ところが、ティグア族の期待に反して、法案を通過させることはできなかったのだ。ティグア族は、大金を詐取されたと激怒したが、後の祭りである。

また同年に、エイブラモフは、イスラエルのテレコム会社、フォックス・コム社（後にモービル・アクセス・ネットワークと改名）から、議会内の通信設備の改良を自社が担えるよう工作を依頼された。ネイ議員は、この決定権を持つ、下院管理委員会の委員長を務めていたので、彼に頼み込んで難なく実現させた。そのロビー工作代として、エイブラモフは28万ドル（約3000万円）をフォックス・コム社から受け取り、自分の非営利団体、キャピタル・アスレチック・ファウンデーション（CAF）に5万ドル（約550万円）を寄付させた。

サンクルーズ・カジノのスキャンダル

エイブラモフは、並々ならぬ辣腕家である。プレストン・ゲーツ在籍時に、ネイティブ・アメリカン問題に精力的に取り組んでいた傍ら、マフィアが絡む賭博ビジネスにまで、手を伸ばしていたのだ。

サンクルーズ・カジノ社（以下、サンクルーズと略）は、フロリダ州の4つの港から出航する、航行先不明の周遊客船11隻を所有していた。航行先不明としているのは、船上で賭博を開催するためである。当時、フロリダ州では、賭博は違法だったので、法に問われないよう国際水域に出て行っていたのである。サンクルーズは1000人超を雇用し、何千万ドルもの利益を上げていた。所有者は、大金持ちのギリシャ系のガス・ブーリスで、すでに「マイアミ・サブス」というサンドイッチ・チェーンを手広く経営していた。

この船上カジノは違法なので、フロリダ州は何度か営業の閉鎖を試みたが、不成功に終わっていた。だがオーナーのブーリスはギリシャ人であり、外国籍保持者は、アメリカ船籍の商業船の所有を禁じられていたので、1999年、連邦検事がそれを理由にしてついに閉鎖に成功した。

その結果、ブーリスは、政府に100万ドル（約1億1000万円）の制裁金を払って、サンクルーズを売却し、賭博事業から一切手を引くことに同意する。それで売却先を見つけるべく、頼まれたのが、弁護士のアート・ディモプロスである。彼はプレストン・ゲーツ事務所に所属しており、当時同僚だったエイブラモフは、それを聞きつけて、興味を示す買い手がいると話した。だが、実際は、その買い手の中に自分を密かに加えており、一儲けを企んでいたのだ。

エイブラモフは、自分が買い手であることを隠すため、学生運動で知り合ったアダム・

キダンら２人を前に出して、契約を締結させることにした。だが、ブーリスとのサンクルーズ売却の交渉は難航した。

そこでエイブラモフは、ブーリスに政治的圧力をかけて、有利な条件でサンクルーズを買い取れるように計らう。ともかく悪知恵の働く男である。昵懇にしているネイ議員に依頼して、２０００年３月の議会議事録に、サンクルーズのブーリスが顧客を騙し、荒稼ぎをしているとの中傷記事を記載させた。さらに後日に、買い手のキダンは優れた実業家であり、サンクルーズを如何わしい企業から健全な企業に変革できる人物だ、との有利なコメントを付け加えさせている。

その結果、２０００年９月22日、ブーリスはついに折れて、エイブラモフのキダン・グループに総額約１億４７５０万ドル（約１６２億円）でサンクルーズを売却する契約を締結する。だが、その頭金２３００万ドル（約25億円）を現金で支払うのではなく、その代わりに、ブーリスは２０００万ドル（約22億円）の約束手形を受け取り、さらに、サンクルーズの株式10％を保有することを内密に取り決めた。もちろん、ブーリスがサンクルーズの株を保有することは、先の政府との取り決めで禁じられている。しかもエイブラモフは、買い取ると約束したにもかかわらず、その資金の裏付けは何らなかった。

５日後の２０００年９月26日に、頭金２３００万ドルを払い込んだとの完了報告書を作成したが、これは偽造だった。結局、約束の頭金は払い込まれず、2001年6月にサンクルーズは倒産し、後に投資会社、フットヒル・キャピタル社に買収されている。

ところが、このスキャンダルは思わぬ展開を見せる。2000年12月初頭に、契約違反で、エイブラモフ側とブーリスがお互いを罵倒し、つかみ合いになる大喧嘩になったと伝えられていた。だが、その数か月後の2001年2月6日に、ブーリスが、まるで処刑されたかのように車中で射殺されたのだ。

その容疑として、キダンがサンクルーズにコンサルタントとして雇っていたマフィアのアンソニー・モスカティエロとアンソニー・フラーリが逮捕され、後に共謀者のジェームズ・フロリーヨも逮捕された。罪状によれば、2人は毎月何千ドルもキダンから受け取っており、ブーリスがサンクルーズの経営に返り咲けば、それを失うため殺人を実行したとされている。

2015年9月17日にモスカティエロは、殺人罪で無期懲役の判決を下され、フロリーヨとフラーリは、すでに2012年に有罪を認めて、無期懲役の刑を受けている。3人は殺人罪に問われて有罪になったが、後にエイブラモフの知り合いに、マフィアのジョン・グリノが実行犯だったことを明かしている。エイブラモフとキダンは、事件との関与を怪しまれたが、確証が上がらなかったため、この殺人事件とは無関係とされ、起訴されなかった。

なお、エイブラモフとキダンは、２００６年１月４日、サンクルーズ事件に関する詐欺罪のかどで起訴され、有罪を認めた。同年３月29日に、２人はそれぞれ禁固５年10か月と２１７０万ドル（23億９０００万円）の賠償金の支払いを命じられた。

エイブラモフは、先の政界汚職事件の刑と、同時平行してこの事件の刑も受けることになった。２００６年11月15日にメリーランド州カンバーランドの刑務所に収監され、獄中は１時間12セント（約13円）で教戒師《きょうかいし》の書記として働いた。その傍ら、囚人に演説や映画シナリオの書き方を教えていた。

２０１０年６月８日に、禁固刑５年余の４年目にようやく釈放されて、刑期の残り約２年を社会復帰訓練所で送ることになった。この間、コーシャ（ユダヤ教の清浄規定）のピザ店で、時給７・５～10ドル（約８００～１１００円）で週40時間働き、２０１０年12月３日に晴れて早期に釈放された。刑期終了後は、テレビやラジオに出演し、一転してロビー運動に対する反対運動を展開している。２０１１年11月には、『キャピタル・パニッシュメント（極刑）』を著して、公然とロビイストを批判するようになった。

なお、エイブラモフは、ユダヤ教の中でも、最も保守的で信心深いユダヤ教正統派に属しており、彼の妻、パメラもわざわざ正統派に改宗している。しかも、着服した金の一部を割《さ》いて、ユダヤ教正統派の男子校をメリーランド州に設立し、自分の子息を通わせている。そのような信者でありながら、多くの大罪を犯すとは、非ユダヤ教徒の私たちにとって、とても信じられない話だ。彼の信仰心は見かけだけなのだろうか。彼はどうも信仰心と金儲けを、分けて考えていたようである。

第5章◉慈善事業を食い物に

1 ユダヤ人は慈善事業に熱心

金儲けに執着し、倹約にこだわるユダヤ人が、慈善事業に熱心であるというのは、奇異に聞こえ、矛盾しているかのように思われるかもしれない。

ところが彼らは、実際に慈善事業に極めて熱心なのだ。2008年に行われた調査によれば、アメリカで最も慈善事業に寄付をした50人のうち、ユダヤ人が16人も占めていたという、アメリカ全人口の内、わずか2%にも満たないユダヤ人が、多額寄付者上位50人の30%を越えているのは驚くべき事実である。2013年のある有力機関の調査でも、76%のユダヤ人が慈善行為を行っていたのに対し、非ユダヤ人は63%に過ぎなかったそうだ。

中でも注目すべきは、アメリカの超富裕者のうち、特に慈善事業に熱心なのはユダヤ人であることだ。慈善事業の専門紙『クロニクル・オブ・フィランソロフィー』によれば、2010年、アメリカで、最も寄付金が多かった53人の内、19人までがユダヤ人であり、しかも最高額寄付者6人の内、5人までを彼らが占めていた。

そのトップは、投資家ジョージ・ソロスの3億3200万ドル（約365億円）であり、彼を筆頭に第2位が前ニューヨーク市長のマイケル・ブルームバーグの2億3000万ドル（約250億円）、第3位はクアルコム社のアーウィン・ジェーコブズの1億1900万ドル（約130億円）、第4位が不動産王のイーライ・ブロードの1億1700万ドル（約128億円）と、上位4位までユダヤ人が名を連ねている。

さらに同紙によれば、2013年度で寄付金ランキングの首位を塗り替えたのは、フェイスブックの最高経営責任者で、ユダヤ人のマーク・ザッカーバーグである。実に総額9億9220万ドル（約1090億円）を寄付している。寄付先は、シリコンバレー地区を対象にした社会財団である。

特筆すべきは、その主要寄付先の大半が、ユダヤ系団体でなく、非ユダヤ関係組織に振り向けられていることであり、ユダヤ系団体はその約4分の1に過ぎない。

超富裕者だけでなく、スポーツ選手も貢献をしている。中でも有名なのは、かつて2014年に楽天イーグルスで一時プレーした名選手で、シカゴ・カブスの特別顧問をしているケビン・ユーキリスだ。ユダヤ人の彼は、子供の健康や安全、治療を支援する「Hits For Kids（子供のためのヒット）」という慈善団体を組織し、熱心に募金している。ユーキリスは、

「僕は子供の時から慈善行為を行うことを教えられた。子供を助けて、彼らの笑顔を見る

のは、実にすばらしい」
と語っている。

2 ツェデカとは

ところで、このようにユダヤ人が慈善事業に熱心なのは、ユダヤ教の宗教的義務に基づいているからである。通常、慈善と言えば義務でなく、自発的行為とみなされているが、ユダヤ人にとってはそうではなく、正義を施すことは、宗教上の義務なのだ。事実、ユダヤ人が使うヘブライ語に、「慈善」に相当する語はなく、「ツェデカ（tsedakah）」の語で表現されている。慈善の概念とは全く異なって、「正義」を意味する。

つまり、寄付行為は、宗教上の義務であるからには、ユダヤ人のアイデンティティとしての核心なのだ。自分の懐が痛むほど寄付するといわれており、彼らにとって、慈善事業は、社会事業だけでなく、宗教的及び文化的にも極めて重要な行為なのである。

ユダヤ人の聖典『タルムード』に、「真の金持ちは、寄付できる金額によって決まる」

とある。さらに、聖書中の『レビ記』は、より明確に「収穫物をすべて取り込んではならず、残りは、必ず貧者に与えなければならない」と諭す。

彼らの寄付行為は、神に対する感謝の念を表し、神からの加護を得るために行われてきた。かつては動物を神前に捧げていたが、今ではその代わりがお金になっている。そこでユダヤ人は、ユダヤ法に基づいて、少なくとも収入（税引き後）の1割を寄付しければならないとされている。それもユダヤ人のために、例えばユダヤ系団体に寄付することは義務付けられておらず、広く人類に寄付しなければならないとしている。

有名な例は、アメリカ有数の総合スーパー（GMS）、シアーズ・ローバックの共同経営者だった、ユダヤ人のジュリアス・ローゼンウォルドが行った事業だ。彼は20世紀初頭に、地方の小規模なカタログ販売店を、全米最大の総合スーパーにのし上げた功労者である。裕福なローゼンウォルドは、アフリカ系アメリカ人の境遇に憂慮を抱き、彼らの社会的・経済的地位を向上させるには、教育を充実させる以外にないと考えた。

彼は、「ツェデカ」の精神に基づいて、1917年、黒人の南部における教育事業に対し、私費を投じて「ローゼンウォルド基金」を創設し、1931年までに実に5295校も設立した。それに要した資金は、1998年の時価で6億5000万ドル（約715億円）に達し、その学校は「ローゼンウォルド学校」と呼ばれて、未だに運営されている。

さらにユダヤ人は、自分たちと共同社会との密接な関係を熟知している。社会が、自分たちに大きく貢献しているのと同時に、自分たちの運命を左右していることをわきまえている。彼らの諺、「お金を支払う人こそが、発言権を持つ」は、その効果を適確に表している。そこで、彼らは、ユダヤ人のためだけでなく、広く社会に寄付することになる。

3　寄付金の悪用

アメリカのユダヤ系新聞『フォワード』が調査したところによれば、2013年、IRS（内国歳入庁）に納税申告をしたユダヤ人慈善団体の純資産総額は、驚くことに260億ドル（約2兆9000万円）に達したという。純資産とは資産の総額から、負債、つまり経費を差し引いた純益だから、どれほど多くの寄付金を受け取っているかがわかる。この総額はTV局29とラジオ局126を抱えるCBSコーポレーションに匹敵するほどの大きさだ。またこの金額は、IRSの2013年のデータに基づくものであり、寄付明細が義務付けられない全米約3700の主要シナゴーグ（礼拝所）などの宗教団体からの寄付は、含まれていないというから、さらに驚く。

アメリカのユダヤ人の約４分の１が集中するニューヨークだけでも、彼らは年間約72億ドル（約７９００億円）を寄付しているという。２０１４年の日本全体の個人年間寄付総額が、約７４０９億円であることを考えると、ユダヤ人の寄付額がどれほど大きいかがわかる。

それに携わるユダヤ系慈善団体約３６００の従業員は、約16万４０００人に上り、これはフォード自動車とほぼ同じ規模である。これらの団体の設立目的は、ヘルスケアや教育、各種基金などと多岐に分かれているが、その使途は、イスラエル向けが約38％と最も多く、次のヘルスケアと教育はそれぞれ20％である。ユダヤ人が寄付するからといって、必ずしもユダヤ人向けだけとは限られていないのが特徴だ。

これらの団体が、毎年受取る寄付金は、約１２０億～１４０億ドル（約1兆３２００億～1兆５４００億円）と推定されており、全米領土の5分の1を管理するアメリカ内務省が、２０１４年にアメリカン・インディアン居住地及び準州のグアムやサモアに対して交付する額よりも多いのだ。

これだけ寄付金が大きいと、ユダヤ人仲間の善意を利用して、砂糖に蟻が群がるように私腹を肥やす悪者が多く出てくるのもうなずける。

4　子供向け慈善団体のスキャンダル

アメリカ人を驚かせたのは、ブルックリンの「全国子供白血病基金（NCLF）」を巡るスキャンダルである。当時64歳のユダヤ人、ズビ・ショールが、2009年〜2013年までに集めた1300万ドル（約15億6000万円）のうち、実際に白血病に振り向けられたのは、その1％にも満たない5万7000ドル（約630万円）に過ぎなかった。

一方、自分の給料として、2009年〜2013年間に、計120万ドル（約1億3000万円）とボーナス年10万ドル（約1100万円）を懐に入れて、私用に使っていた。

ショールが、募金に際して大きな同情を買ったのは、10歳の息子を白血病で亡くしていることだ。がん患者、中でも子供のがん患者は、世間の同情を呼びやすい。彼は、それを利用して、自宅の地下室で白血病基金を設立して、ワンマンで運営し、人々の弱みに付け込んで私腹を肥やしていたのである。

ショールは、基金が骨髄バンクに登録しており、白血病への移植医療用の臍帯血《さいたいけつ》を保有する、がん研究所を運営していると称して、募金を集めていた。ところが、何れも真っ赤な嘘であり、骨髄バンクや臍帯血の保管設備などないどころか、がん研究所に至っては、イスラエルのがん研究団体に65万5000ドル（約7200万円）を送金していたものの、実体はなかった。

その募金の手口は非常に巧みであり、募金を専門とするテレマーケティング（電話による勧誘販売）やダイレクト・メールのプロ業者を雇って集金させていた。2009年から2013年までに集めた970万ドル（約10億7000万円）のうち、実に83％の750万ドル（約8億2500万円）が、取扱業者に対し手数料として払い戻されていた。そのような専門プロを使うことによって、手早く金を手に入れることができたのだ。

また、「夢を実現する（Dream Come True）」というプログラムを作り、子供たちの夢をかなえると謳ったが、実行したのは1児にラップトップ・パソコン1台を贈ったのと、他の1人を、ディズニー・ワールドへ招待しただけだった。

集められた寄付金のうち、白血病に向けられた金は皆無に近かったので、2015年7月に詐欺のかどで、ニューヨーク検察局に起訴された。同年12月17日に、ニューヨーク州司法長官によって、ショールは有罪とされ、NCLFの閉鎖と、不正入手した給料計120万ドル（約1億3000万円）とボーナス10万ドル（約1100万円）の返還を命ぜられた。さらに慈善事業に関与することを一切禁じられた。

5 仲間のユダヤ人を騙す

次のスキャンダルは、仲間のユダヤ人の同情を買って、詐欺を行ったヤコブ・ワインガーテンの例である。彼は2007年～2013年の間、イスラエルにおける病弱者や貧困者、テロの犠牲者などへの援助と称して、約2000万ドル（約2億2000万円）も集めていた。

ブルックリンの店先にコールセンターを構えて、自らテレマーケティングを大々的に行っていた。そのやり方は極めて巧妙で、イスラエルで慈善活動をしていると称する19の慈善団体を設けた。そのうちの11団体は登記されていたものの、8団体は架空である。多くの団体は、同じユダヤ人を惹きつけるために、名前にシェアリム、ブナイ・トーラなどとヘブライ語を付していた。

ところが、募金された大金のうち、少なくとも35万ドル（約3800万円）がワインガーテンにより現金で引き出され、28万ドル（約3000万円）は、自宅の住宅ローンの支払いや改修費に使われただけでなく、電気通信代と歯科医療費、それにアトランチック・シティのカジノへの旅費にまで向けられていた。

驚くべきことにワインガーテンは、ユダヤ教で、最も保守的といわれる、超正統派ハシディズムの聖職であるラバイなのだ。ラバイの語源、「主人、家長」が示すように、この地位に就くためには、厳格な教育を受けているので、宗教的指導者だけでなく、学者としても尊敬されている。しかも彼は、代々ラバイを輩出した名門の出身である。その高貴な地位を利用して、人を欺いただけに、なおさら許しがたいのである。

なお、アメリカのユダヤ教には、正統派、保守派、改革派の三大宗派があり、創設順では、正統派が最も古く、次が保守派と改革派だ。正統派は三派の中で最も保守的であり、この中で、最も厳格な戒律を守っている、超正統派の一派が、ハシディズムである。ニューヨークの47丁目のダイヤモンド街では、縁《ふち》の広い帽子に黒の外套をまとって、もみ上げを垂らした格好をする人たちが、夏でも見られるが、彼らはこの流れを汲んでいる。

この一派の一部では、結婚すると、女性は髪の毛を剃らねばならず、かつらやスカーフを被ることになっている。また彼らは、避妊を禁じているので、子供を多くもうける多産系としても知られている。

２０１４年5月19日に、ワインガーテンは、２００9年〜２０１１年間の脱税容疑で起訴されて、ニューヨーク州最高裁判所から、約9万ドル（約１０００万円）の違約金の支払いを命じられた後、5年の保護観察下に置かれ、5年間の慈善活動を一切禁止された。さらに、同年6月23日の民事訴訟では、ニューヨーク州司法長官から、52万ドル（約5720万円）の返還を命ぜられ、返還される金額の大半は、イスラエルにある実在の2慈善団体に寄付されることになった。

6 メット・カンセルのスキャンダル

ニューヨークは、全米ユダヤ人の中で、最も多い約4分の1が住む所だけに、ユダヤ人の寄付金も多く、全米の約半分の多額に上っている。そのニューヨークを舞台に、寄付金を詐取した中心人物が、ウイリアム・ラップフォーゲルである。先のワインガーテン事件と同時期に起きたが、それに輪をかけた、政治家までも巻き込む大規模なスキャンダルになった。

ニューヨークの慈善団体、「メット・カンセル」は、1972年、30万人のユダヤ人が窮乏に陥っているとの調査結果が出たことを受けて、大手ユダヤ系慈善団体の支援で設立された。当初は、ユダヤ人を救済するのが目的だったが、ニューヨークの貧困率が、全国平均12％に対して20％だったことから、その後、年齢、性別、宗教、人種を問わずに援助することになった。

そのサービス事業の範囲は広く、失業対策と医療ニーズ、ヘルスケアから、困窮者対象の「スープ・キチン（炊《た》き出《だ》し）」にまで手を広げている。その運営資金は、主としてニューヨーク州政府からの年間数千万ドルの交付金である。

その団体を運営した理事長が、ラップフォーゲルであり、1993年に就任以来、20年超にわたって年間1億1000万ドル（約121億円）の資金を運用し、その報酬として年間40万ドル（約4400万円）もらっていた。ところが、2014年になると、内部通報から基金をくすねて贅沢三昧に暮らしていることが発覚する。

その手口は、在任中の20年間に、保険仲介業者と結託して、保険金500万ドル（約6億6000万円）を水増しして請求させ、それを山分けして、100万ドル（約1億1000万円）超を懐に入れていた。検察当局が、家宅調査をした結果、自宅に現金40万ドル（約4400万円）を隠匿していることが判明し、2014年、ラップフォーゲルは州最高裁判所に告訴されて、300万ドル（約3億3000万円）の罰金と3年半〜10年の不定期禁固刑を科せられた。

問題なのは、この保険仲介業者と結託して山分けした金の一部が、その業者を通じて、政治献金として還流していたことだ。メット・カンセルは非営利法人なので、政治献金が禁じられている。ところが、同財団は、州から2009年だけでも、9690万ドル（約106億円）の多額の交付金を受けているので、権限を持つ州議員の機嫌を取らねばならない。それに、この金が利用されていたのである。

ラップフォーゲルが、長期にわたってのさばり続けられたのは、実は妻の内助の功があったからだ。妻のジューディは、非常なやり手である。民主党の州議員、シェルドン・シルバーの秘書として、彼がまだ駆け出しの頃から仕え、後にシルバーが、ニューヨーク州議会議長に昇進するに及んで、彼女も権力を増し、〝第二のシルバー〟とまで称されるようになった。懸案の事項があれば、本人に代わって、彼女がその実態と真意を伝えていたほどだ。ジューディに対する州政府からの待遇も破格で、スタッフとして最高額の年俸16万5000ドル（約1800万円）ばかりか、自動車までも支給されていた。

シルバーはなかなかの食わせ者で、巧みにキックバックを取り、私腹を肥やしていた。1994年にニューヨーク州議会議長に就任してから2015年まで、その職に11回も再選されている。その間に築いた権力を利用して、裏で悪事を重ねていた。

まず、アスベスト訴訟で、その特任医師に対し、州から補助金50万ドル（約5500万円）を与えた上で、患者を人身被害専門の法律事務所、ワイツ&ルクセンブルグに紹介させていた。その数は１００人以上に上り、シルバーは、ワイツ&ルクセンブルグから、その紹介料として３２０万ドル（約3億５０００万円）超を得ていた。

それ以外にも、不動産会社2社が州の事業を請け負う際に、２社に弁護士事務所、ゴルドバーグ&イリアミとの契約を強制して、ゴルドバーグ&イリアミから約80万ドル（約８８００万円）のキックバックを受け取っている。

シルバー議長は、２０１５年1月22日に、別件の汚職罪で逮捕された。その容疑は、ニューヨーク市の不動産税の軽減を図っていた法律事務所から、長年にわたり多額の裏金をもらっていたことだ。彼は起訴され、同年11月30日に、陪審によって有罪とされた結果、議長席を自動的に失った。２０１６年5月3日、ニューヨーク州最高裁判所で、厳しい12年の禁固刑を受けた上に、５３０万ドル（約5億８０００万円）の不当利得の返還と追徴金１７５万ドル（約2億円）の支払いを命ぜられた。

当時、ニューヨーク州議会は、ジューディの夫の経営するメット・カンセルに年間何千万ドルもの援助を与えてきたが、この一部の額の決定は、シルバー議長の裁量に委ねられていた。しかも援助額を査定する州議会の場には、ジューディが必ず立ち会ったというから、彼女は、支援金の額や使途を左右するほどの大きな影響力を持っていたということだろう。シルバーが2015年1月に議長職を辞任するまで、20年間もこのような癒着関係が続いていた。要するに、妻のジューディと夫がグルになって、本来なら慈善事業に振り向けるべき多額の資金を自分たちの懐に入れていたのである。

ところが、この慈善事業を巡るスキャンダルは、とどまるところを知らない広がりを見せる。メット・カンセルの役員を務めていたデイビッド・コーヘンと、ハーバート・フリードマンも、500万ドル（約5億5000万円）を詐取したかどで検挙されるのだ。コーヘンは同財団の専務理事の地位を利用して、保険金のキックバックを密かに取得していた。

驚いたことに、この中心人物の5人は、いずれも敬虔なユダヤ教正統派の信者であり、中でもジューディの父はラバイである。シルバーとラップフォーゲル夫妻は、みんなニューヨーク・マンハッタン区南東部の下町、ロウアー・イースト・サイドの出身であり、竹馬の友だ。なお、この地区は、19世紀末から20世紀初めにかけて、東欧から多くのユダヤ人住みついた場所として有名である。

7　家族ぐるみで福祉事業の詐欺

保守的なユダヤ教正統派の人たちのなかには、慈善分野だけでなく福祉事業でも悪事を重ねている者がいた。しかも、この事件は、親類ぐるみで大掛かりな詐欺行為を行った特異なものである。

アメリカには、フード・スタンプという低所得者向けの食料補助の公的制度がある。正式にはＳＮＡＰ（Supplemental Nutrition Assistance Program〔補助的支援プログラム〕）と呼ばれ、食料品向けの金券の一種だ。通常、４人家族で、月収２５００ドル（約27万円）を下回ると、最大限１人当たり、月１００ドル（約1万１０００円）相当のスタンプがもらえる。この他に低所得者や身体障碍者を対象にした公的医療制度にメディケイドの適用が受けられる。

ところが、この事件の特徴は、低所得者とごまかして、フード・スタンプを悪用した上、大金持ちと偽って、銀行から多額の金を詐取したことだ。さらに犯行は単独でなく、親子と夫妻など身内の計12人の多勢で行われた大規模な犯罪だった。しかも彼らは、みんな敬虔な超正統派のハシディズムに属しているというから、なおさら驚く。

その首謀者は、29歳のイェフダー・ルービンである。彼を中心に妻のレイチェル、両親、兄弟、叔父や姻戚まで、計12人も巻き込む大規模な犯罪である。彼らは、親族間の固い結束を利用して、うまく立ち回っていたので、検察側は、捜査当初、どれほどの実損かが分からなかった。これだけ多くの親族容疑者の中に、1人ぐらいは反旗を翻す者がいると思われるのだが、誰もいなかった。

イェフダーは妻と一緒になって、様々な書類を作成して、月収180ドル（約2万円）しかないと偽ってフード・スタンプを受け取った上で、低所得者向けの公的医療制度メディケイドに加入し、医療費を軽減していた。それらのシステムを悪用して、6年間に計約4万4000ドル（約480万円）を詐取している。弟のジョエルとその妻のリブキーは、5年にわたってホームレスと嘘をついて、フード・スタンプやメディケイドで計約17万3000ドル（約1800万円）も騙し取っていた。なお、フード・スタンプは転売を禁止されているが、実際は闇で売買されている。

一方イェフダーは、仕事の給与と家賃収入から月間1万7000ドル（約190万円）、妻は1万4000ドル（約150万円）の収入があると偽って、10回にわたって銀行から計100万ドル（約1億1000万円）の融資を受けていた。その際、偽造の小切手で、抵当となる不動産を購入したように装って銀行を騙していた。それを入れ知恵した悪徳弁護士や、不動産を過大評価した鑑定士が絡んでいる。2人とも後に共犯として起訴された。

銀行の審査は驚くほどずさんで、イェフダーたちの背景をろくろく調べずに融資していた。彼らは、このような政府管轄の福祉事業と、銀行の信用調査の連係不足を巧みに悪用していたのである。

イェフダーの父母や叔父たちと親戚までも、同じ手口で銀行から詐取していたので、その金額を入れると、10年間で総計2000万ドル（約22億円）超の多きに上った。関係した親族と姻戚、関係者が総計15人とあまりにも多く、しかも犯行が込み入っていたため、裁判では一括して、〝ルービン組織〟と名付けられたほどだ。銀行から詐取した大金は、個人のカード支払いや住宅ローンの返済、それに不動産開発に充てられたが、結局、債務不履行になるか、あるいは返済されなかった。

発覚の糸口になったのは、ニューヨーク郊外の警察官が、2011年に不審な不渡り小切手1枚を目ざとく見つけたからだ。その内容を捜索しているうちに、芋づる式に犯行が明らかになり、ついに2014年11月13日早朝、15人が検挙されて、裁判にかけられた。彼らは揃って無罪を訴えたが、イェフダー夫妻は各々禁固刑30年、父アービンと弟のジョエルは、それぞれ禁固5年の刑を言い渡されている。

8　慈善団体を利用して資金洗浄

これは慈善団体の基金自体を食い物にするのではなく、それを利用して不正を働いた悪名高いスキャンダルだ。この犯罪は、同じユダヤ人と言っても、特異な少数グループによって行われただけに、これを理解するには、彼らの生い立ちを説明しなければならない。

ユダヤ人は、ローマ人によって、紀元1世紀にパレスチナの土地を追われ、世界各地に離散した。異郷の地に住みついて生活するうちに、地域によって独自の集団が形成されるようになり、2つの大きな勢力が形成された。

それは、ドイツ語圏や東欧諸国などに定住した人と子孫のアシュカナジと、中世にポルトガルとスペインを拠点にしていたセファルディムである。

一つ目のアシュカナジは、発祥地はドイツだが、ドイツ語圏で激しい迫害を受けるに及んで、ユダヤ人に寛容なポーランドやロシアに移り住んだ。その後、ロシアにおけるユダヤ人の人口は、同国がウクライナ地方やポーランドを併合するごとに増加の一途を辿った。

これに困惑した帝政ロシアの女帝エカテリーナ二世は、1791年にユダヤ人の拡張を防ぐために、彼らを居留地に閉じ込めた。そこはリトアニア、ベロルシア（現在のベラルーシ）、ポーランド、ウクライナなどを含む広大な区域であり、一時は約５００万人のユダヤ人が住んでいた。

都会に住むことを許されなかったユダヤ人は、やむなく町はずれに自分たちの村、シュテーテルを作って結束した。ここでの生活は厳しく、悲惨そのものであり、極貧にあえぐユダヤ人は、全体の約22％にも達した。同胞のユダヤ人は多くの団体を結成して、彼らに服や食事を与えたり、医療を提供して援助していた。

ところが１８８１年、帝政ロシアのアレクサンドル二世が暗殺されると、これにユダヤ人が加担したとされて、１８８１年～１８８４年に、居留地で反ユダヤ主義の大規模なポグロム（集団的迫害行為）が発生した。これが連鎖して、ロシア帝国だけでなく、他国でもユダヤ人殺戮のポグロムが行われたのが引きがねとなって、大量のユダヤ人が国外脱出することとなり、その多くがアメリカに渡ったのである。

9　セファルディムの移住

二つ目のセファルディムは、ヘブライ語で「スペインのユダヤ人」を意味するように、彼らがイベリア半島に定住したのは、紀元1000年頃とされるほど古い。15世紀までは、同地でユダヤ人は公然と認められて、国の発展に大きく寄与し、自由と繁栄を享受した。

しかし、1492年になると、フェルディナント王とイサベル女王が布告した「アルハンブラ布告」によって、ユダヤ人は一転して厳しい弾圧を受けるようになる。彼らは、キリスト教に強制改宗を迫られ、応じない者は国外追放されるか、時には火あぶりの刑に処された。その難を逃れるため、多くのユダヤ人は、イタリア、バルカン半島、北アフリカ、中近東などに四散した。

この2つの勢力の大きな違いは、言語である。アシュカナジがイディッシュ語（ドイツ語とヘブライ語とのミックス）を使ったのに対し、セファルディムはラディーノ語（スペイン古語を主に、ポルトガル語やヘブライ語などのミックス）を用いている。

アメリカへの寄与

近年のアメリカの経済的、文化的、社会的発展について、ユダヤ人が果たした貢献は決して無視できないと思う。それまでヨーロッパで虐げられていた彼らは、無限の可能性を秘めた、自由の新天地アメリカで、自分たちの才能や能力を思う存分に発揮し、開花させることができた。ユダヤ人が、多大の貢献をした分野を見渡しても、経済、法律、医学、娯楽、などと枚挙に暇がない。

アメリカのユダヤ人の圧倒的多数は、ヨーロッパからの移民である。その流れは、大きく3つに分けられる。

最も早くアメリカに移住した第一波は、セファルディムの人たちである。1654年に、彼らはブラジルからニュー・アムステルダム（現在のニューヨーク）に移住したが、少数だった。1776年の統計によれば、当時のユダヤ人は、総勢わずか数千人だったという。

第二波は、1840年代にドイツにおける迫害の難を逃れるため、新天地を求めて渡来したアシュカナジである。第一次世界大戦が勃発するまでに、約25万人もが移住したという。アシュカナジが多く移民するにつれ、彼らの力が次第に強まり、ユダヤ人の中心勢力となった。

第三波は、1880年頃から急増し、1880年~1924年の間に、東欧全ユダヤ人の約3分の1に当たる約200万人のアシュカナジが、ロシアやポーランド、ルーマニアなどからアメリカに大量移住した。

この東欧からの移民は、ニューヨークやボストン、シカゴなどの大都市の貧民街に住みついて、貧困に悩まされたが、その勤勉さと優れた才能よって、やがて数々のアメリカ文化の基礎となる事業を開拓し樹立したのである。

その典型は、映画事業ではないかと思う。ユダヤ人が、アメリカにたどり着くと、多くは自分たちが得意とする衣服生産を始めることで、生計を立てていたが、当時、流行り出した映画にいち早く着目し、映画館を多く開設するようになった。

それから発展して川上に遡り、映画製作に乗り出した。最初はニューヨーク近辺が中心だったが、撮影に恵まれた温暖な西海岸のハリウッドに移り、事業を本格的に展開する。前にも触れたが、主要な映画会社、ユニバーサル、パラマウント、フォックス、MGM、ワーナー・ブラザースはすべて、ユダヤ人が創設した企業である。その後、三大テレビ・ネットワークを設立して、全米に圧倒的な影響を及ぼすようになった。

シリア系セファルディム

現在、アメリカには約670万人のユダヤ人がいるとされているが、大半がアシュカナジの人たちであり、そのうち、セファルディムは20〜30万人と5％にも満たないと推定されている。この犯罪が行われたのは、セファルディム中の少数派、シリア系ユダヤ人である。彼らは、20世紀初めにシリアから移民し始め、現在、わずか計約7万5000人が、主としてブルックリンやニュージャージー州のディール市に定住している。

シリアでは、1946年にアレッポを中心に、約1万5000人のユダヤ人が住んでいたが、1948年にイスラエルが独立した結果、多くがイスラエルに移民し、さらに21世紀に入ってイスラム国（ISIS）が勢力を伸ばすにつれ、2015年現在、シリアにユダヤ人は僅か18人しか残っていないという。

1960年、シリア系ユダヤ人は、ブルックリンに、自分たちのシャール・ザイオン集会所を創設した。ビル一棟の中にシナゴーグ数か所を配して、基幹礼拝所としていた。この主任ラバイはソール・カッシムである。もとは父親のジェイコブと義兄のバルック・ベンハイムが主任ラバイだったが、2人の死去に伴って、2005年にソールが主任に就任している。

カッシムは、未亡人や孤児、身体障碍者などを助けるために、マーゲン・イスラエル財団を創立したが、聖職者でありながら、ここを利用してマネー・ロンダリング（資金洗浄）を行っていたのである。

その取引は、同じシリア系ユダヤ人のソロモン・ドウェックによって仲介された。マーゲン・イスラエル財団宛に振り出された手形を、ドウェックから受け取ると、カッシムはそれを財団の口座に入れずに、自分の口座に入金し、口銭10％を差し引いた金額の手形を彼に戻して、ロンダリングをしていた。多くの人がこれを利用したのは、シナゴーグや教会などの宗教団体に寄付すれば、税法上免税される特典があるので、課税を免れるためだ。

２００９年７月23日にカッシムは、２００７年６月から２００８年12月にかけて、20万〜40万ドル（約２２００〜４４００万円）を取り引きし、36万７５００ドル（約４０００万円）を不当に得たかどで検挙された。と同時に、この事件に連座して、ラバイ４人と市長３人、州議院議員２人や公務員など、実に46人もが逮捕された。中には腎臓臓器の密売人もいた。

２０１１年６月１日に、裁判が行われた結果、カッシムは有罪を認めた上に、36万７５００ドルを財団に返還し、罰金３万６７５０ドル（約40万円）の支払いも確約した。その結果、18〜24か月の禁固刑を受けるところを、89歳の老齢であることを勘案されて、２年の保護観察処分の軽罪ですんだのである。

これには後日談がある。ニュージャージー州のディール市は、海岸沿いのリゾート地として名高いが、シリア系ユダヤ人が住みついているので、夏になると、仲間を求めて数千人の同胞が集まってくる。

そこには、ブルックリンのシャール・ザイオンに次いで大きな礼拝所、ディール・シナゴーグがある。その上席ラバイ、アイザック・ドウェックは、カッシムの共犯者ソロモン・ドウェックの実父だ。息子のソロモンは、カッシムのマネー・ロンダリングに加担しただけでなく、他の多額の銀行詐欺でも検挙されており、それを免れるため、検察側と協力して密告者となり、カッシムの犯罪を暴露する手先となった。その結果、多くのシリア系ラバイや関係者が逮捕されたのである。

アメリカのシリア系ユダヤ人は、少数の集団であることから、仲間同士の結束力が非常に固く閉鎖的だ。グループ以外の人と結婚することさえ禁じているくらいだ。ソロモンが、同じ仲間のシリア系ラバイを共犯として名指したことから激しく非難された。

そこで父親のアイザックは、わざわざ自分のシナゴーグで集会を開いて、息子のソロモンを「もはや、我が家に迎え入れない」と宣言し、〝勘当〟したのだ。このような父親の息子に対する厳しい仕打ちは、同じユダヤ人でも、アシュカナジの人たちには信じられないことだろう。

結び

このように悪の手口は、多岐にわたり実に巧妙であり、そのずる賢さには底知れぬものがある。中でも、いったん金銭問題になると、今更、人智の深さに驚かされるのだ。モグラ叩きのように、一つを抑えても、別のところで新たな犯罪が起きて、止めどもなく続く。しかも、悪例がありながら、それを顧みずに、騙される人は多く、後を絶たないのだ。

そこで、これらの悪行《あくぎょう》は、私たちに、次の2つの貴重な教訓を教えてくれる。これをもって、結びの言葉としたい。

一つ目に、これまで見られたような、手を変え、品を変える悪辣《あくらつ》なやり方に乗ってはならないのだ。アメリカの有名な諺、「Fool me once, shame on you, fool me twice, shame on me.(私を1度騙したのなら、あなたの恥。私を2度騙したのなら、私の恥)」が、うまく言い表している。つまり、1度は騙されても、2度騙されたら、相手ではなく、それに乗った自分に責任があるから、気をつけろと戒《いまし》めている。

乗らないためには、相手の言葉を、そのまま鵜呑《うの》みせずに、疑うことが必要だ。疑いを抱くことは、物事の本質や実態を見抜く上で不可欠である。相手の表面的な言葉の意味ではなく、何か隠された意図、あるいは悪意があるのではないか、と疑うことだ。疑うことが必要なのは、疑えば物事の真実を暴《あば》けるからであり、そのために、疑う癖を身につけなければならない。

二つ目に、これまで説明した数々の大型犯罪は、どれもが隠蔽できずに、挙句《あげく》の果て発覚している。司直の手から逃れようと、いくら策を巡らしても、何時かはばれて、処罰を受ける羽目になるのだ。

このことを、FBIのスローガンとして、1927年から使用された「crime doesn't pay（悪事は何時かばれて、引き合わない）」が、適切に表現している。努力をして何かを得ても、それが違法行為ならば、やがて検挙されて罰せられ、結局は、期待した儲けにならない。従って、犯罪は引き合わないから、決して悪事に手を染めてはいけないことを、この言葉が諭すのである。

参考文献

"The Sting Man", Penguin Books, 2013
By Robert W. Greene

"Den of Thieves", Simon & Schuster, 1991
By James B. Stewart

"Fall from Grace", The Untold Story of Michael Milken, Birch Lane Press Book, 1992
By Fenton Bailey

"The Wizard of Lies", Bernie Madoff and the Death of Trust, St. Martin's Press, 2012
By Diana B. Henriques

"The Believers", Phoenix, 2010
By Adam Lebor

烏賀陽正弘（うがや・まさひろ）

京都大学法学部卒業。幼少期をニューヨークと中国で過ごす。東レ㈱に入社後、国際ビジネス業務に従事して広く活躍し、そのために訪問した国は100カ国超にのぼる。海外より帰任後、同社マーケティング開発室長を経て独立し、現在、国際ビジネス・コーディネーター、著述家、翻訳家として活躍中。

著書には『男だけの英語』『ここがおかしい日本人英語』（以上、日本経済新聞社）、『読むだけで英語に強くなる』（潮出版社）、『ユダヤ人金儲けの知恵』（ダイヤモンド社）、『ユダヤ人ならこう考える！』、『超常識のメジャーリーグ論』、『頭がよくなるユダヤ人ジョーク集』（以上、PHP新書）、『ユダヤ人の「考える力」』（PHP研究所）、『必ず役立つ！「○○の法則」事典』（PHP文庫）、『シルバー・ジョーク』、『ラスベガスを創った男たち』（論創社）など。

訳書に『これから10年、新黄金時代の日本』、『世界潮流の読み方』、『変わる世界、立ち遅れる日本』（いずれもビル・エモット著、PHP新書）、『毛沢東は生きている』（フィリップ・パン著、PHP研究所）がある。

ユダヤ大悪列伝

2017年9月5日　初版第1刷印刷
2017年9月15日　初版第1刷発行

著　者 ―――― 烏賀陽正弘
発行者 ―――― 森下紀夫
発行所 ―――― 論創社
〒101-0051　東京都千代田区神田神保町2-23　北井ビル
tel. 03(3264)5254　fax. 03(3264)5232
振替口座 00160-1-155266　http://www.ronso.co.jp/

ブックデザイン ―― 奥定泰之
印刷・製本 ―― 中央精版印刷

ISBN978-4-8460-1649-4